# ÔL
# TROED

Bobi Jones

Cyhoeddiadau Barddas

Argraffiad cyntaf: 2003


ISBN 1 900437 55 4


*Y mae Cyhoeddiadau Barddas yn gweithio gyda chefnogaeth ariannol
Cyngor Celfyddydau Cymru, a chyhoeddwyd y gyfrol hon
gyda chymorth y Cyngor.*

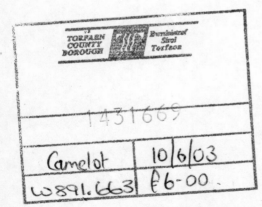

Cyhoeddwyd gan Gyhoeddiadau Barddas

Argraffwyd gan Wasg Dinefwr, Llandybïe

## NID BARGEN YW CARU

Weithiau begli i mewn i mi fel i siop lyfrau ail law.
Tincia'r gloch ar dy ddyfodiad, llwch ymhobman: mae eisiau rhaw.
Treuliedig yw'r stoc, y rhwymiad ar sawl cyfrol yn weddol siabas.
Holi am yr Adran Arddio. Gwena'r perchen mewn embaras.

Braidd yn flêr yw'r llyfrau, ac ni wyddys ble mae dim i'w gael,
Ac ymgysuri fod hyn yn fy ngwneud yn ddifyr, yn ôl d'arfer hael.
Synni gymaint o gyfrolau "Plant" sy yma, sawl un heb feingefn.
Yr hyn a rydd undod i'r siop yw'i hoglau a'i hanhrefn.

Chwythi'r oesoedd oddi ar ambell lyfr. Mae'r print yn welw denau.
Bu rhyw fandal, â'i bin yn benbwl, yn difwyno ymylon y tudalennau
Â sylwadau ffraeth o frathog. Ond roedd ef yn llygad ei le
Fan yma wrth awgrymu fod eisiau seibiant, gan osod ei gwpanaid o de

Yn staen arnaf. Difethwyd peth gan Atila (gorila amser)
A gwneud y tila'n annarllenadwy (drwy drugaredd) yn ôl ei arfer.
Ac eto i mewn dest tan syllu ar y silffoedd yn bur gariadus,
Treiglo'n ôl ac yn wrthol, codi llawer o sothach yn ofalus

Fel pe swmpet henebion gorwerthfawr, er tra chyffredined yw oll
Ac er bod dros drichwarter y stoc eisoes wedi mynd ar goll.
Arswydi wrth sylwi mor salw yw un teitl – *Cyflafan Nant*.
Does dim ar y siaced ond dwst. Ond yn nesaf ato ceir cant

O bamffledi am farw ffroenau; heblaw un am deilchion gwlad
Lle mae hunllef haul yn udo heb ei gysgodi gan fysedd Tad.
Llwybri drwy'r Adran Grefydd annigonol ger rhantio gan ramantau,
Rhesymeg (wrth reswm), Cerddi'n gyfoeth od o Gyfieithiadau,

5

Nofelau Ditectif, Llyfrau Crwydro, Cerddoriaeth; ac wele stôl
Ynghanol yr annibendod. Mae eisiau gorffwys wrth gerddetian yn ôl
Ac ymlaen rhwng y sbwriel ar ddisberod, fel corryn ynghanol ei we.
Rhad yw'r rhan fwyaf bellach. At ei gilydd, lles fyddai cael eu lle.

Agori un gyfrol o'r diwedd, a gweli am ryw reswm mai amdanat ti
Y mae'r llyfr Seryddol. Tynni un Hanes: wele'n ddi-ri
Yr un hen destun yw pob tudalen. Mae'r siop yn wallgofdy, a phlot
Pob stori'n tin-droi yn ei hunfan . . . Ond mynni gipio'r cwbwl lot.

# CYNNWYS

# ÔL-NODIADAU

# I

# TROEDNODIADAU

# MAE RHYWUN

Mae rhywun yn fy nghanu i.
Allan yn y buarth tywyll
naid ei och i'm nodau uchaf.

Clywch Ei donc yn cloncian
fel yr hen lamp stabal sydd ynof
yn ôl ac ymlaen dan chwa o'r gorddrws.

Fel y mae dŵr yn lledu ar draws
y cerrig nes atal trafnidiaeth
drwy'r buarth, deil rhywun i'm canu.

Cân yn isel farus; cân
yn glwyfus Ei gariad ynof.
Rhydd imi'r gwallgofrwydd i wrando.

# HAICYWION

(i) *Pererindod*

1. Try taith drwy blygu
   talcen i'r clai, a gwybod,
   yn bererindod.

2. O'r lloer! cyfeiria
   fi (unwaith ar ei lleia
   bob mis) bob bore.

3. Nid sych yw rhwyf neb
   os yw mewn gweirglodd sy'n llyn
   o flodau menyn.

4. Rhaid, i gyrraedd y
   llythrennol, wrth daith ar iad
   mul dyfal trosiad.

5. A'r daith hon a'm cân:
   peidiaf â bradu amser
   ar fod yn hunan.

(ii) *Diwedd Petalau*

6. I'r llan wag llithrodd
   cog i ganu tlysni cnúl
   tawel clychau glas.

7. Wele! dallu gweld
   cyffredinedd dant-y-llew
   fu godidowgrwydd.

8. Bu llygaid-y-dydd
   yn gwisgo mwy na sbectol
   haul dan sathr y nos.

9.  Dysgent oll beidio
    â bod, wedi'r blingo blin,
    ond yn goesau cloff,

10. Ac fel y syrth eira
    o ganghennau coed 'falau
    cofleidia'u cof laid.


(iii) *Dŵr*

11. Dwys i'm trem yw dŵr
    boed mewn môr neu nant neu lyn
    oherwydd dŵr croth.

12. Dyna pam y myn
    pysgod fel syniadau diriaethol
    fynychu hyn o waed.

13. Ei fwlch rhwng tiroedd
    'wna'r pridd yn unig. Mor oer
    yw'r dŵr daearol.


(iv) *Maya Angelou*

14. Cest dy dreisio'n wyth
    oed, ac aeth dy fyd yn fud.
    Ceir gwledydd hefyd.


(v) *Pentregalar, Sir Benfro*

15. Oherwydd cofio
    cyfaill a chyfaill y caf
    fwy o unigrwydd.

16. Wrth wrando ar fedd
    casâf delori cyson,
    o'r mŵd, y mwydyn.

17. Gormod yw union
    bwynt haniaeth yr amrantiad
    rhwng byw a diwedd.

(vi) *Hunedd*

18. Drwy rifo anadl
    terfynir nos ddiderfyn
    gan chwythiadau cwsg.

# HENOED ORIOG

Dwi'n teimlo'n Ddwyrain heno a'm ffroenau'n drwm o wawr,
Arweinydd cân yw 'mhendil: dim ond calon a gura'i hawr.
Llythyr cymyn yw'r pili-pala. Rhydd rew celf ar fy ffenest boeth.
Daw croen f'oen yn gyfrwng i borfa flodeuo'n siaced fraith.

Er y sigla 'mhendil hwyrddydd, gŵyr fy henoed ganrif lai.
Pan chwardd Mawrth fis o ddiwrnod, ni fyn funudau iau.
A'r blodau 'menyn a heliais yw'r rhai 'ollyngwyd o gôl
Yr haul yfory wrth redeg dros heddiw ar fy ôl

Yn gistaid aur a leibiodd fore o'r Banc. A choll
Yn y bae yw'i gelc môr-leidr lle y tyllodd wybren doll.
A'm sblaes o felynwy drosto a goginia'r haul yn gyw
Sy'n efaill i'r Angau hafaidd dwi'n ei fyw.

## y nawdd i awenyddion

arbenigwyr mewn clwyfau –
ond peidiwch â chodi ffwdan
am y peth – dyna yw eu blodau –

treiglant yn gryg i lawr y greiglan
i sawru pob un o'r holltau
hyd yn oed â'u llawenydd

ysgafn – fe drônt eu ffroenau
yn araf 'lawr atynt fel cyfeilydd
i brudd-der – ond y gorfoleddau

go iawn? – O! cofleidiant y rheini
hefyd fel gwenyn bawdd mewn peilliau –
â gwaed cig ar frig proflenni

# DARN O WLAD 198-

(i) *Chwe Sir*

Y mawr yn esgeuluso'r
bach yw democratiaeth.
O glywed y gair "lleiafrif"
dwi'n canfod llafnau ifainc yn eistedd
ar gerrig llai segur, a'r fyddin yn eu tyner
fugeilio: "Ni sy â'r llam uchaf
mewn ocheneidiau." Lle mawr yw
Gogledd Iwerddon, ond rhy brin
i fwyafrif dyfu'n hyfryd.


(ii) *Mor Hafaidd*

Mor hafaidd y mae'r rhyfel
ynghlwm wrth gred.
Mor anniddorol aeafol
pob rhyfel arall – y darnau clust
ystrydebol, y plant
syrffedus nad ydynt.
Ond y wen egwyddor, A!
nawr dyna lodes fach sy'n
werth ei hennill heno.
Hai yr unigryw
haf, a gwerin y graith
a'u gwyryfol ladd
yn gorfoleddu.


(iii) *Damwain Anghrediniol ym Melffast*

Diogel mewn diogi: di-ffydd oedd. Nid oedd dim
Cred yn y dyn, ac felly câi yntau'r Sadwrn wau
Rhwng bom a bom heb amau na cheid grym
A fynnai fynd â'i ên oddi arno. Câi
Wrid cywilydd wrth synied mai Gwyddel oedd;
Ac ar y Sul arhosai bant ynghudd.

Ond y dydd Llun mewn lôn fer na rôi floedd
Troes ei gywilydd prin yn gelwydd prudd
Drwy ddamwain na ŵyr neb ei tharddiad mall,
Nes ar ddifiau y bu rhai'r naill du a'r llall
Yn saethu dryll uwchben y lle ni bydd.

(iv)  *Tir na n'Og*

Yno y'n genir oll o ran
celwydd, yno
y'm cenhedlwyd innau, ac eto
roedd anobaith
yr hewl yn ffrwyno fy ffroenau.
Ni allwn
brofi ai gwaeth baglu hyd-ddi
na'r cyrraedd.
Llanwyd gwaed y porthladd
gan ddistyll gofalus,
a'i esgyrn gan hylciau wedi'u
llongddryllio'n fanwl
ar y trywydd
pellach bellach
i Dir na n'Og.

# Y RHAI BACH

(i)  *Cystadleuaeth fach i'r fun*

Glaswellt mewn oen
a naid, ocsigen
mewn dail.
Nid wyt ti yn fy mydrau i
yn ail.

(ii)  *Y Traddodiad Radicalaidd*

Mae un hen gono
yn dysgu i'r glaslanciau penfelyn
sut y mae anghydffurfio
â hen gonos. Ac wedyn
mae'r rhai ifainc i gyd yn ei ddilyn.

(iii)  *Ti ym Mhobman*

er mai syllu yn y drych yr oeddwn i,
ces lai na brycheuyn, disgwyliwn drawst,
nid oeddwn yn gweld yno neb ond ti,
disgwyliwn Chwefror, cefais Awst.

disgwyliwn Chwefror, cefais Awst,
nid oeddwn yn gweld yno neb ond ti,
ces lai na brycheuyn, disgwyliwn drawst,
os mai syllu yn y drych yr oeddwn i.

(iv)  *Cusan Bach*

Dilyw yw'r cusan,
   Lluchia fôr i gôr nef,
Braw oratorio, pos
   Yw ei nosau ef.

Yn gybyddlyd mewn cymedroldeb,
   Yn fwyafrif mewn gwin,

Mor hael â marwolaeth
  Ar Goleiath o fin.

Datodir genau
  Fel canrif rydd
Feswfiws, Tawelfor
  Niwclear dydd.

(v)  *Allforio'r Trysor*

Roedd yr ynys dan sang gan ymwelwyr yn ceisio
tawelwch. Ar ffigur wyth y distawrwydd, plymiai'r
lluoedd i ddyfnderoedd y sancteiddrwydd gwastad.

O flaen y jamborî dangnefedd a'r pentyrrau pendramwnwg
o fyfyrdod a'r siopau creiriau araul, tyrrai
degau o filoedd at yr ynys wedi dod i geisio unigedd.

Hyd at bellterau'r meddwl, hyrddient gerrig at goconyts
tonnau, a phob darn o bridd yn rhuthr hedd rhagddynt – nes
i'r perchen adael iddynt fynd adref â thalpau yn eu cesys.

(vi)  *Anghofrwydd Deuddyn Bach Mewn Oedran Aeddfed*

Suddwn gyda'n gilydd i fignedd y blynyddoedd na fuont
eto. Helpa-i di; helpa di fi.
Yr atodiadau diweddar sy'n diflannu'n gyntaf –
o'n pig hyd at ein migwrn;
ond oeda rhai o'r henebion, – y geg,
y clustiau am dro. Wedyn, nid erys dim heblaw
dy wên di a'r blewyn
ar fy nghorun, sy'n brolio iddo betruso oedi;
a chwifia hwnnw'n ôl ac ymlaen ac yn ôl
gan daflu atat dros ebargofiant
gusanau anghofus.

(vii)  *Croesi'r Tywod*

Yr ydym yn dipyn o dorf
yn rhodianna ar hyd traeth

y Borth ym Medi, ti a fi,
a'r blynyddoedd a fu drosom yn felys.

Rhaid, pe bai rhywun craff
yn sylwi ar y fath orymdaith
enfawr, y casglai fod 'na
seremoni, i fod, yn eglwys gadeiriol y môr.

Boddi efallai?

(viii)  *Offeren B Leiaf, Bach*

Clywais Amser yn canu.
Allan yn y fan yna
Ymhlith y sêr a'r tyllau duon,
Tan gyfodi
Yn y gofodau – un-dimensiwn
O'r tri dimensiwn.

Roedd yn well na bod yn fyw.

# II

# ÔL-NODIADAU

## gollwng dy was, simeon

wedi'r bwcedeidiau o eiriau, a'r cwbwl
yn edifeirwch, wedi'r gwastraff aer a ymdonnai
fel barf hir wen amdanaf, wedi'r breuddwydion
gau a'r brawddegau geuach a fradychai
mewn dychan bob creciad o'r cread cras,
a hwnnw'n gwynnu, yn rhynnu pob lliw o'r llais
yn fy nghlustiau, ac wedi hel ar dafod
atgno nad oedd ond yn wal derfyn,

– a oes sill arall i'w gwasgu allan
o'r llwnc clwc yma ar hyd gleiniau
gwynias genau, a minnau yng ngwefusau
f'euogrwydd mor frawychus o lawen?
o oes! oblegid fy llygaid a welodd yr Un isel
sy'n llai na neb, yr Un a ledodd freichiau
yn fy mreichiau fel croes gron mewn tanchwa
o gwsg . . . ac o'i blegid parod wyf i fynd.

# RYDYN NI, OS CAF DDEFNYDDIO'R NI FRENHINOL, YN NOFIO YN DY DDYFROEDD DIDERFYN

### (i) BODDI, AC ADFERIAD GEG WRTH GEG

Enau yng ngenau
rwyt ti'n chwythu ynom.
Rwyt ti'n chwyddo dy drwmped,
rwyt ti'n chwalu'i thôn.
Gorweddwn yn ddi-wynt
nes delo d'anadliad
i jazio'n hesgyrn
o lôn i lôn.

Angylion d'enau
a'i chanig aroglus
sy'n sug drwy'n canol
o'n brig i'r bôn.
Yna llenwir y bydysawd
â thrais bagbibau,
â thrwst hosanna
o flaen y thrôn.

Ac o achos dy gusan
mae'r god yn ffrwydro'n
anthem genedlaethol
o Fynwes i Fôn.
Eto d'awel lawen
a halen dy wefusau
'brawf o hyd yn foddfa
dirion.

### (ii) ADNABOD Y RÎFF ISYMWYBODOL

Rwyt ti'n rîff
wedi dy gelu o'r golwg.
Ond rydyn ni'n taro'n

d'erbyn gan sylweddoli
fwyfwy mor las
yw'r cwrel, mor sgarlad
yw adeilad y dylif.

Drwot y treiddia'r
heli i hau'i heulwen.
Pa leuad sy'n chwyddo'i
gwaed drwy goridorau'i
gloddest? Ac a gloddiwyd
eto seleri porffor iddi
yn archaeoleg cregyn?

Uwch dy do ymestynna'r
tonnau'n fronnau bach
dinam, nes i'r ymchwydd
lamu drosot, a
golchi'r cymylau, a'u
hongian i'w sychu ar
gantel y gorwel gwirion.

Ac arnat y llongddrylliwn
gyda chryn arddeliad.
Nawf ein hasennau'n froc:
nawf ein hafu a hanner
ein penglog. Chwilio am
draeth y maent wrth dowcio
ger gorwelion gwarolau.

Ar ford dy wystrys isod
mor estron yw dawns dwylo'r
delysg wrth geisio bwyd
heb gracio creigiau,
fel ein dwylo coll ninnau
yn picio drwy dy hud i'w
hestyn atat, mor dynn am y dŵr.

## (iii) EFALLAI MAI'R RHESWM OEDD NAD OEDD DIM TIR

Mae gan y gwryw fôr, er ei fod yn fwy bas.
Fe allet badlo ynddo, am fod yna byllau.

Ger machlud llai eithafol nag arfer rhodiai
ym Mae Ceredigion – ein diailadrodd fôr:
chwiliai am nofwraig a fedrai fod o'i fewn.
A chwiliai hithau'r peryglon a gaed dan iâ
a frithai hwnt ac yma'r smaldod o ddŵr.
Nid ar un chwarae bach y derbyniem neb
i'n cefnfor boen. Mi hawlid hoen arbennig.

Efallai mai'r rheswm oedd nad oedd dim tir
o dan y dŵr er gwaetha'r padlo a gynigir.
Môr oedd ein hawyr ei hun â'i wyntoedd dwfn
yn dirion, fel ton i'r tir dan draed heb solid.
Darparai'r môr ei hun wely plu i nofwraig fentrus
orffwys ynddo heb anadl, a chyda-nos ein dyfroedd
yn cnulio diwedd i hedd cadernid daear.
Chwilid gwreiddiau amgen nag a geid gan forfresych
ac nid oedd gan y mecryll ddigon o gân.
Chwilid anwesiad unplyg gan freichiau delysg
a dwys wrandawiad llygaid maharen dan y gwadn.

A chan nad  môr fyddai'n môr heb ei ddigoni
ceisiem in blymwraig. Ofer fyddai pridd heb flodyn,
seithug fyddai awyr las heb hedydd hir.
Caed hiraeth ar ein  dŵr am ei breswylydd,
am gynnwys yr un a wyddai wib o'i fewn,
ac, er ein hofni, a anwesai anfesuredd.
Chwiliem frenhines ar forforynion eraill,
chwiliem am nofwraig hardd na thoddai yn
y symudolrwydd. Ceisid perl i'r galon wystrys;
mynnid dirgelwch i'n mynwes, un a hiraethai
bob man am heulwen dan don; . . . a phlymiaist ti.

## (iv)  CONNOISSEUR DŴR

Yn ôl ar lan yr afon, os afon
oedd wedi'r cwbl, yr eistedden-ni gan
syllu ar y dŵr tybiedig yn cilio
drwy lygaid a suddodd mewn llygaid.
Ynteu ai cefnfor oedd? Doedden ni ddim
am neidio i mewn atat tra oedd
ein llygaid tybiedig yn methu
â chredu'u hunain.

Gwydden-ni sen-ni'n dy garu'n holliach
y troet ti'n nant, a'th ysblander
yn llifo. Gwydden-ni ymhellach
sen-ni'n dy garu'n glaf y codet
ti'n ager. Sen-ni'n dy garu hyd farw, bedd
amheuthun dan haul fyddai iâ.
Ond heb ein boddi yn dy fôr
adwaenen-ni ddim môr.

A cher ein swnt sâl torrai tynerwch
dy donnau tan gau'u hamrannau
i mewn i'n dallineb wrth lyfu'r
traeth, a'n breuddwydio.
Eu hwyliau'n chwifio'u cnawd
gwyn fel hancesi eigion, ond yn codi'n ôl
eto i gydio ym mwynder glannau ynys
y tlodion. Taranau heulwen yn
dowcio'u trwynau i hylif ond
yn llonyddu cyn i'w brigau
ddryllio drosom. Y dŵr amryliw
o hyd yn daeniad amdanom.

## (v)  MEISTRES Y TONNAU

Gwinau megis gwar gwennol
   fu pen un fenyw a hedai.
      Gwynnodd ar hyd crych ei hafon,
      tua'r aber dan y gwynt gwan.

Bu'r wennol yn hedfan i ddala
   pryfetach eiliadau ar adain.
      Torrai hi'n fyrwib trwy'n hwybren
      yn esmwyth uwch esmwythyd llif.

Nid llywaeth mewn llywethau
   fu gwibio'i thragwyddoldeb dros wyneb
      y ffrwd . . . Ond boed winau neu wynnu,
      islaw erys dyfnder y dŵr.

Esgyll tywyll, bola golau
   yw gwennol yn cribo gwallt afon.
      Dathlwch (O bryfed) ei hamryliw
      ar ddyfnder twllwch y don.

Gwyro a fyn ein meddwl ninnau
   hyd y drych hwnnw uwch yr afon
      gyda'r atgof sy'n winau weithiau,
      eithr weithiau sy'n ddolurus o wyn.

Ond wrth wynnu yno'n grych aber
   a gwelwi dan y gwynt gwannaidd,
      gwanwyn megis bola gwennol
      yw pen un fenyw a hed.

# TRO

A thithau i ffwrdd, yma mi beidiais â bod.
    Diffoddwyd trydan y rhod: aeth hi'n ddu o ddellt.
        Gyda thro ar dy lyw yn y car, ceid gŵr diflanedig.
            Dw i wedi fy natod yn hysb am dy fod di'n hollt,

Canys llenwir clustiau'r waliau gan adleisiau cân
    Nas clyw un clown, am nad ydw i yma ddim.
        Diflannwyd fi. Fe droist dy law tua'r De,
            Mae rhyw anghydbwysedd led fy llesgedd llwm

Yn fy nrysu. Difywiwyd i lawr un tu
    I'm corff nas meddiannwyd mwy. Ni raid chwilio'n bell
        Ble y'm parlyswyd bellach. Heb symud cam o'r tŷ
            I dŷ, teithiwn am gant a hanner o fill-

Tiroedd-amser. Ble y maen-nhw? A'u preswylydd swil
    Sy'n arwynebol mor agos? Mor bell y dylai'i pheidio fod,
        Ac eto yma y mae! Mae dau wedi peidio ynghyd.
            Felly y bu heddiw gyda'r llond haul hwn o bellhad

Yn troi ac yn troi o fewn y gwagle chwil
    Gan ddianc i ddifancoll heb yr un cwt na phen
        Heblaw'r troi mwyaf gorffwyll, a'r troi, a'r coesau a'r cefn
        Heb gydio yn ei gilydd heb ond tremu i bobman syn

Eleni am ddydd o filflwyddiant. Yn lluddiant disymud o'r tŷ
    Gwn y gellid chwap ei ailgynnau bob eiliad achlân
        Drwy droad â'th law, a'm tynnodd ohonof gynnau,
            Oherwydd gwn y gallet toc fel yr hwyr ei hun

Wawrio'n d'ôl, y byddet yn pelydru hyd y seler
    Dros y to â'th bresenoldeb. Canys math o dro
        Dros dro fu'r glec o glip a'n cysgododd mor hyll.
            Wele, wedi gadael yr ymadael, dyma sbring i'n sbri

Yn ôl, ceir gwrthddywediad celwydd, dyma gerydd o'r gwir –
   A dylifi drachefn i lythu'r clustiau'n biwr
      Yn ôl, adlenwir y clyw, dilyna'r golau'n drwst,
         Dyma gyrraedd y tŷ a'r cwm . . . Wele ni yma nawr.

A! Ni chyrhaeddwyd cartref heb dy fod di ynddo,
   Ni charwyd daear erioed fel y'th garwyd di,
      Nid aethpwyd am dro heb arwain yn ôl i'th ddatroi,
         Ni chodwyd pont un man heb inni hercio'n ôl drosti.

# MYFYRDOD YN YR AMSER A GANIATÉIR AR GYFER ANAFIADAU

*(yn ôl penderfyniad y Dyfarnwr)*

Daeth hi'n hen bryd imi d'ysgaru di
A phicio i drigo gyda'th Gariad arall.
Chwiliaf Ei lygad un noson glir
A bant â fi dros bont y fall.

Meddylia amdanom yn ein cartref del,
Y fi a'm Cariad newydd hen;
Er tristed – does i'r un ar ôl
Yr un ysgariad amgen.

Ni chaiff yr un sy'n mynd wahaniad
Gwallgof mewn atgof, nac – mewn gweld – ddall.
Eto, glyni'n brudd wrth ein perthynas bridd
Nes y daeari yn d'ŵr arall.

Meddylia'n awr am dy ddau gariad acw:
Dyna le y syfrdeni'n lân
Oherwydd Glân yw dy enw canol
A'th enw cyntaf yw Syfrdan.

Dy Gariad di yw fy Nghariad yno;
Sadio y mae yn fy mydysawd mwy,
A'r mwy hefyd 'gaiff ei orfoleddu mwyach;
Fy mhriod, medr rwydo ein modrwy.

# MARWNAD I HEN FEGOR A GAFWYD AR EI GEFN AR LWYBR PLAS CRUG YN FEDDW A DI-WARDD – A SERCHOG

i. *fy nghols ar lwybr cusanau*

roedd yna gosb
eithaf yn y
goelcerth braf
yn fy llwnc;
llithrwn innau
ma's o'i hanwes
uwchben affwys,
gorffwys olaf
oedd y canlyniad,
lle'r oedd hen lam
wedi fy chwydu ma's
o'r ffwrnes.

ac yma bu terfyn
geiriogrwydd. eithr
diwedd dechrau
oedd. ffarwél
i bleser mân
penisel
chwinciad. marwnadaf
yn awr fy
aflwyddiant tân!
'wnei di ddim
drwgdybio byth
mai oerfel perthynas

fûm. er fy sobri yn lletyaeth chwyldro twym
tangnefedd, wele gyfeillgarwch pen y mynydd!
ac eto, cyn belled ag y cerddo'r parch hwn

i'm lludw, pelled dw i'n ddiau yn dragywydd
wedi gwrthod parddu culni chwant er mwyn
i lestr cynhesach bellach fy rhidyllu'n grwn.

ii.  *Y Parch yn Paratoi ar gyfer Cerdded yn y Wlad*

Gofynni di
a wnei di'r tro
a'th leddf gyneddfau'n
ffrwydro'r fro.

A yw dy wallt
di yn ei le?
A'm gŵyl o galon
dros y dre.

A hoffaf i'r
taclusrwydd nadd?
Mae'r blerwch llariaidd
yn fy lladd.

Ceisiaf d'ateb
â gwledd o bwyll,
a'm hunan-ddisgyblaeth
ddwys yn dwyll:

"Dere fy merch
dros dwyn a dôl,
tyf dy wallt di'n allt
cyn y down ni'n ôl."

iii.  *Yr Orsaf Gyntaf*

Dwi'n teimlo'n ddieithr wrth groesawu pobol weithiau.
Dyw hi ddim yn naturiol imi hoffi'r giwed.
Mae'n rhaid mai benthyg gennyt ti 'wnes i
wrth garu rhywrai. Dyw hi ddim yn normal
i greadur mor feirniadol ag ydw i
gyflawni dy gamp . . .

Ac eto, dyw'r berthynas rhyngon-ni
ond yn feddyliau heintus yn plethu'u bodiau
traed cyn deffro lond y gwely lond y bore,
neu'n hoffter yn lolian ling di long ar lan
yr afon, gan wasgaru'n sylw gwyllt dros elltydd.

Ynteu cyd-ochain yw am anwyliaid ym mharadocsau'r
cread. Rhannu gofidiau gaiff fod i ni'n ddiddanwch,
a chwerthin am dro am fod y llall yn chwerthin.
Ond ti yw'r un sy'n gwaedu cariad drosom.
Dy fecs yw'r clwyf sy'n ddail am gantel dy ben
hyd at dy benliniau at ruddin dy wreiddiau llon.
Tydi yw'r arbenigwr mewn trafferthion.
Pryder yw dy rodd, dy frid neilltuol di
o garu. Fe'th wisgwyd i'r llawr mewn briwiau.

O gylch pobol eraill y try dy gân,
arweinydd mân, beth bynnag am y llais.
Nid am yr hyn sy'n bod, ond am a allai fod.
Gwas bach yw dy gariad: mae'n hoffi bod yn gaeth
i blygu i un sy uwchben pawb drwy'r ddaear.
Ac yn y caru y cesgli dy henaint hynod:
fe'th brydferthwyd di a'th borthi gan drallodion.

Maen nhw'n dweud mai dwyn 'wnaiff henaint
      harddwch pryd.
Mae'n fwy na gwir – ei ddwyn a'i hel yn gryno
anferthol a wnaeth mewn arddangosfa ddirgel
drwy'i blastro drosot ti ryw noson aeafol
mewn serch at giwed. Nid cynefin yw i mi.
Rhaid mai benthyca gennyt ti 'wnes i
wrth garu ciwed fymryn. Dyw hi ddim yn iawn
i ŵr mor amheus o ddynoliaeth ag ydw i.
Seren i'm nawn yn fy nos wyt ti; oblegid
y maddau, a bod ein deuawd ag un dôn
yn peri imi led ffoli ar stecs y ddaear
fwy nag y medrwn ond nid yn fwy nag y dylwn.

## iv. *Yr Ail Orsaf*

Nid bob bore bach am bob menyw
y gellid canfod bod cegin ynddi,
er bod llawer a chanddynt risiau i fyny i'r to.
Ond fe'th strwythurwyd di,
o'r porth sy'n gollwng croeso ymlaen i'r ardd
gefn, yn gartrefle cyflawn ei dw,
ac ar y ford, ocheneidiau go dwym o chwerthin
ac afonydd boglynnog gwyllt o garedigrwydd.

Ac yn y gornel hon o'r annedd hon,
pryd bynnag y'i hagorir tua chanol nos,
caf brydau o diriondeb. Ond nid y lleia
o atyniadau'r amlochredd
yw'r bensaernïaeth brysur a ddodwyd amdani,
y nenfydau tal sy'n dala fel gwe-pry-cop
tan harddu cleren, y cartre lle y'm cesgli'n
rheiol ar y llawr drwy gydol y dydd.

Ond pan dreigla'r gwyll drwy'r ffenest
heb ddim ond glaw i ddod â golau iddo,
dod a wnei o'r gegin drwy'r lolfa i'r cyntedd
a phob congl yn dy grafwr-wybren yn ffest
i'n dathlu, lond dy waliau o anhunedd
fel pe cawset d'adeiladu'n aelwyd i gathlu'r hwyr.


## v.  *Y Drydedd Orsaf*

Does dim yn fwy o embaras i lên
   na gwreigen hen yn dawnsio
onid y bwgan brain o ŵr
   sy'n branciwr dan yr unto.

Ac eto, dwi'n deall dim o'r ffôl
   'fyn ymddeol o'u serchiadau.
Mae'r pae'n ddi-nych, a gwych y gwaith
   a'r egwyl yn faith i brydau.

Mae rhai, yn erch, a grina o serch;
     meinhau maen nhw mewn hiraeth;
ond pesgi 'wnaf ar gydroddi braf
     dau bryfyn haf mor hyfaeth.

Cig oen yw swyn y fwyn ei hun
     sy'n llenwi fy llun â'i lluniaeth.
Ymleda meiledi'n bwdin llon
     afradlon o haeledd helaeth.

Sycheda rhai, â'u llyn ar drai
     a'u gwaed dan draed mewn aflwydd;
ond gan ei gwefus felys flas
     caf ras ei charedigrwydd.

Yn fisi ar wefusau caf
     arddwest i'm parch cyfiaith.
Wrth ysu'i berf orberffaith fe gaiff
     fy llwch o'i ffyddlondeb gyffaith.

Ymostwng yw'r cyfeillgarwch od
     i'r gwryw ymaelodi
mewn benyweidd-dra gweddus yn
     y wledd sy'n dod o dlodi.

Drwy'i thyneru-gwrdd wrth hyn o fwrdd,
     ei hysbryd i ffwrdd sy'n hedeg
mewn aberth i'r nef cyn dod i'm tref
     â'i thangnef wedi cael chwaneg.

Fe gyll sawl ceg ddanteithion teg
     pan fônt hwy'n ddeg ar hugain.
Ym mryd y llwyth, cymysgedd mwyth
     yw'r trwyth i'r wyth a thrigain.

## vi. *Y Pentref Tawel*

Rwy'n nabod y dreflan hon
ar ôl i ti fod yna. Dirgrynaf beth:
mae dy dramwy wedi bwrw eira'n
    glustdlysau crog tawel ar ei ffwdan. Cais
dy ddwylo lunio dyn eira ohonof.

Cerddaf
     fel gwyfyn
          dros gorwynt
o flynyddoedd
     a chyffwrdd â'r brics plu
lle rwyt wedi'u distewi.
       Peidiaf â bod yn
gaglau sŵn yn staenio
      gwyndra'r lle. Eithr
yn dyner y bydd yr awel yn rhewi.

Dodaf fy llaw
     ar olion oer
dy hewlydd. Mor gannaid yw
dy gymeriad dan fy lafa oblegid
     lle bynnag rwyt wedi pasio, bydd
diffyg stŵr yn pasio.

Y gwely hwn a adwaen yn y byd
hwn o bentref, y wâl
wen a daenaist ti ar ein cyfer
     mewn cornel
a'r llwybrau hynafol nad wy'n eu deall
     (ond sy'n ffosffor newydd yn y gaeaf)
sy'n eira haf ym merw'r hen.

# PORTREAD O'R IFANCAF O'R DDWY

Yr unig beth cyffredin rhyngom yw tywydd.
Cwestiwn peryg, os cwestiwn yw, yw – "Sut
ma'i?"
   Mae gen i ladis, ddwy, sy'n ffyddlon
ar fy nhro. Cyfarch yw'n perthynas ni, ddim mwy.

A heddiw gwelais yr ifancaf, er nad oedd yn ifanc.
Dyma luchio f'ymholiad – fel briwsionyn at un
o'r elyrch ar afon Rheidol. Ac "mae fy mam,"
meddai honno, "wedi mynd. Roedd hi'n dipyn o ryfeddod."

Gwelais yn symledd ei chornea fel y'n hamgylchir
ar bob llaw – mewn tai a guddir wrth inni rodio
ar hyd y stryd – (gan gymaint gwres y mae'n gorlifo
drwy geginau a thrwy siopau, er gwaethaf corbyllau

pryder tu ôl dros ben ymhlith rhai) gan y golud
caru a daena sidanau yn araf amdanynt.
Gwelais mor ychydig yr adnabyddwn bobl: doedd hon
dybiaswn yn medru fawr ond mynd â gast am dro.

"Gobeithio . . .," meddwn; ac yna, braidd ar goll,
a'm cysuron wedi'u mudo i dawelwch, gan fethu
â'i gadael, fe rydiwn i'r deall a redai'n
gyffredin rhyngom . . . "Mor fawr ei ofal yw Hwnnw,"
meddai gan arwyddo â hanner ei hael ran o'r haul
uwch ei phen . . . A theimlwn y gwybod eang a geir
wrth ddisgwyl am y bws ac yn y banc, ni allaf
fynd i unman heddiw na phasio rhai heb arogli'r
ffyddlondeb hwn. Mae pobl weithiau'n medru
bod cystal â chŵn hyfforddedig wrth droi'u trem
deyrngar ac unplyg i edrych ar bob ystum cydymaith.
Mae'u tafodau'n hongian ma's, a hiraethant – heb draethu
dim am harmoni, – am berthyn mewn cwlwm cêl
drwy furmur digyfarth o fewn bodolaeth ei gilydd

am garedigrwydd rhwng y naill a'r person arall
heb fwlch nac ymyrraeth na ŵyr ymhle mae'r undod
yn dala, nes bod y byd ar funud amheus
ynghanol y diawlineb a'r torcalon proffesiynol
yn gallu ymylu ar lanhad o dan y gwybod. Ac weithiau
mentrant ymhellach na chŵn i blethwaith cwlwm.

# STORI NOSWYLIO I BLANT BRASÍL

*(am rai y torrwyd eu coesau gan oedolion*
*fel y caent well hwyl ar gardota)*

Wedyn, caeais fy llygaid.
          Ac yr oedd eu breichiau'n
estynedig ynghanol fy moethau.

Gwedd ar ddiddanwch y noson, yr olaf o dair
ffilm ddogfen, fu'r un am y rhain. Cosmetig oedd
y cymhelliad i'r cerdded cain, swyddogaethol.
A chanlyniad yr adloniant oedd rhodio'n hwyaden
â golwg lwyddiannus o drwsgl. Ble y gallent hedfan
oddi wrthym? Cwac! Pa fuarth arall a gaed i bwtyn?
Drwy libart y ddaear ymysg moch a chŵn troednoeth
a thalpau o dom i dom yr hercient.

Roedd eu carpiau'n matsio crinfrown carped. Cronnai
rhwng ein cadeiriau pluog y dagrau cloff
gyda'r fyddin ddirifedi (rhyfeddwn am yr osgordd iddynt
a oedd yn ddylif o Iddewon ac yn gawod o fabanod y groth).
Y rhain a ddôi i ddifwyno â'u gwaedlif rai tudalennau
ar fy llyfrau. Hwy oedd y pant ar ganol fy mynydd
o ginio, y seirff-facaroni a weai o'm gwresogyddion.
Estyn a wnaent eu breichiau, ond nid tuag ataf i
nac at ddynion chwaith, er mai'u hap hwy oedd ein cyfalaf.

Cyn hynny ar y sgrin cafwyd dwy ffilm ragarweiniol.
Y gyntaf, am haenen o hen begors ledled ein trefydd
a gleisiwyd, a dreisiwyd gan fysedd blewog. Ond cawsai'r
rheini flasu o leiaf un adeg pryd y gellid
gadael y drws ar agor. Bu ganddynt flynyddoedd
fintais.
          Ac yna'r trwco gwragedd pragmatig ymhlith
y canol-oed a'r godinebu hwyliog fuarthaidd.
Ond o leiaf roedd y menywod yn medru dweud,
"Dwi'n ei heglu hi . . . "

Eithr y pypedau mân hyn, pa heglu a fynnent hwy?
Yng ngharchar eu mebyd, a oes yna neb a fforddia'r
rhain? Exeunt ar eu ffyn ysig. Disgwyliem y cwymp
hwyaden bob cam, ond na, o gwac i gam gwac,
fe âi'r actorion staccato â'u haelodau anfanwl
ar eu ffyn baglu: creadigaethau Oedolion
yn yr oes lygatgroes hon.
Buddsoddiad oedd eu coesau cywion
yn Nadolig Llawen y lliaws. Roedd elw
yn ddelfryd mewn asiad dwl i deulu'r Oedolion . . .
Gyda'n cymeradwyaeth fyddarol.

Cwac, cwac, bûm innau ers talwm yn galw am Oedolion
i'm gwlad. Wrth bori yn lled bornograffwaith llu
annatblygedig y Gymru gyfoes, hiraethwn, plediwn
am Oedolion. Ble O! ble y celwyd cyflawndod
oed? Hawyr, nis galwaf mwyach . . . Y cwac
a ddaeth yma. A Stori Blant a fynnaf rŵan.
Yr hyn a wylaf mwy wrth wylio'r teledu fydd:
"Ail blentyndod, Arglwydd, claddedigaeth, a hynny'n fuan."

# CROES Y MARWNADWR

Marw oedd ei fywoliaeth ef.
Âi ar hald i hel ei nwyd
Fel crwt i'w lyfr llofnodion:
Y beddau a'i cadwai'n fyw.
Sychedai am y nesaf
Fel rhyw Ddraciwla a âi
I'w sugno â'i galon i'w geg
A'i rolio i lawr i'w fol.

Y ffieidd-dra halltaf hyll
A harddwyd heb un awr
Wadu'r felltith. Oergain
Oedd Cynghanedd Lusg yr hers:
Cyflog pechod a'i noddai
A'i Groes yn loes ar ysgwydd,
Yn gleren o lys i lys,
I'w ddal yng ngwe gwŷr o galon.

Ni ddihangai'i odlau byth,
Ni ddihangai'i adladd chwaith
Rhag oglau'r baw a lechai
Rhwng bysedd traed Angau Gawr
Lle y sawrai ef farw i'r byw
Yn sur, yn gur, yn gariad.
I ddoe priod bu'n heddiw gwahanu:
I chwaer briod bu'n ddydd Brawd.

Ac eto, roedd angau'n fyw
Ac yn iach ac yn preswylio
Yn lluniau Wiliam Llŷn.
Yr angau corrach drwy'i we
A'i gwnaeth ef felly'n gawr.
Cadwynai Wiliam ef
Dan linynnau tenau a daenai
Am gell anniwall y gerdd.

Gwyddai'r bardd yng nghelwydd hwyliau
Ei fad a lân fudai drwy fydr –
Am eryr i wŷr sy'n ddryw i Dduw
A arolygai oddi uchod Lŷn, –
Ac ymhellach am Un a wacawyd
O'i lenwi â chamwedd dyn,
Yn Un a gylchai gwlwm-loes
Geltaidd ar gynghanedd Croes.

# TRAETHA TRI, DOES DIM DAU

Mi ranna traeth rhwng môr a thir
y methiant gwyllt i draethu'r gwir.
Dan lyw lloer lugoer, gwn y gall
ei swnt ef fynd i'r naill neu i'r llall.
Y traeth am dro yn hy fel hŵr
sy'n ddarn o ddŵr, yn sarn mae'n siŵr.
A'i draed yn waed a'i drwyn yn wlyb,
newidiol yw ei eiddo ar wib;

Ond toc mi fydd yn gymaint tir
â thi a fi, byd ymyl clir
a ddaw'n fynyddoedd baw, a wêl
foncyffion, nid y gwymon cêl
dan lygredd olew. Drewdod troed
a chwilia orweddfa i'r chwilias oed.

Cais dynnu'i fyw o'r tir. Ond hir-
aeth am y môr sy'n dala'n wir.
Er mynnu o'n hoes gael gloes gan lawr
symudol, myn sefydlog gawr-
aidd fôr mewn modd sy mor ddi-stŵr
gywain corff i gawell dŵr.
Os byw 'wnaiff môr ger daear, llanw
yw'r trai o hyd wrth fygwth marw.

Hiraetha'r traeth am ganu yng nghôr
y ddaer. Drwy fae a dery fôr
cyfranna swnt i'r bur hoff bau,
yn un â honno fwy neu lai.
Daw tlysni'r tonnau 'lan i draeth
i daenu dros hagrwch daear, faeth.
A mŵd y traeth sy'n sibrwd wrth
brydferthwch tir ei felltith swrth
am geisio troi o'i ddeuoliaeth fyd
yn un â'r môr a'r tir 'r un pryd.

Ble bynnag bo'r tywodlyd rawd
a oes un ffoi rhag pendil ffawd?
Am na ŵyr tir na môr sut mae
ateb, gofynnod yw ffurf y bae.
Er perthyn swnt i lwch y llawr,
llwch yw sy'n gerrig mân a mawr
tu mewn i mi, tu mewn i ti,
a dyf o'r llaca a deifio i'r lli
yn ofer. Cwympodd y byd yn un
anialwch boed yn draeth neu'n ddyn.

Ac angen Tri yw'r ing i'n traed,
y Tri drwy Waed sy'n boddi'n gwaed.
Does dim un dianc byth rhag trydydd
er ceisio cerdd y ddaer gan brydydd
y môr. Mae'r dirgel uwch pob man:
treio mewn triawd yw ein rhan.
Uwch traeth y traetha lloer â'i min
sut syrthiodd daear ar ei thin,
gan beri i Amheuaeth rybuddio'r gŵr
mai merch i bridd yw mab i ddŵr.

Ond dengys Un wrth ddatrys dau,
godi i'r nen ymostwng brau.
Uchod yn hawddgar tros y traeth
troes bronnau'r môr i sarnu'u llaeth
nes anwedda'r nen eu glastwr 'lan
i ddatrys uchod beth yw'u rhan;
diflanna'r ddaear mewn gorwel gwyn
ac egyr llygaid sêr yn syn.

A'r cwestiwn hwnnw sy'n chwerthin am
na fedr ond Wybren ateb pam.
Honno drwy'r lloer a draetha i'r bau
mai eiddo'r nef yw'r "does dim dau".
Honno a estyn dros ddau fod
fel asiad clwyf ddiamwys Glod.
A deil ei Chariad i roi'n ddi-lai
ei Hawyr bur i oror bai.

# PORTREAD O GYN-LÖWR

Dywedsai'r coed o'r cynfyd ble
y câi e waith. Dywedsai'r dŵr,
wrth durio, ymhle y câi ef fyw
cans aberoedd a chymerau a bêr

ddatganai ymhle câi blannu tre,
porthladd a'r paraffernalia oll
i godi gwareiddiad steddfod, côr
a meinciau trafod trefen gall

i'w blant, a'u plant, i wella'u byd
a'u hadfyd. Fe'n ddi-ddweud, ei bib
'freuddwydiai mwyach yn ei gŵr
am orffennol cwmni'r düwch gwlyb.

Crochan fu ef a luniwyd o'r
ddaear: yn ddistaw y teimlodd fys
ar enau, bys ar glustiau. A
mowldiwyd y cwbwl er ei les.

A thyfai'n bwll a lanwyd hyd
yr ymyl, rhag i blantach mân
(wrth chwarae) syrthio i mewn yn gudd
dan wastraff baw ac estron bîn;

pwll y pentyrrwyd wrth ei ben
dryciau rhydlyd, ambell drol,
trosolion, llawer olwyn sbâr
a glo ar wasgar heb ei hel.

Canodd y tir yn awr ymhle
a beth na wnâi. A chanai'n gryg
ei esgyrn ef gyfeiliant llwyd
a'r meingnawd drostynt ambell reg.

Un duach dydd na phwll a fu
cwympodd ar draws ei dipyn iad
dunelli distaw o wacter bro
a drylliau trymion o beidio â bod.

Maglwyd, tagwyd ef yn y fan.
Dywedwyd drosto fedydd dân
o ddiweithdra. Caewyd ef a'i wae
dan ddyddiau cwymp ei wlad ei hun.

Cwympodd y ceudod drosto, bu'n
synied yno tybed ai hyn
oedd cynnwys cymwys pob rhyw ddweud
gan bethau a balai hyd y pen.

Angen ni bu i'r dyn erioed
ddywedyd dim. Dywedsai'r llwch
pa bryd y câi anadlu: toc
dywedai pryd y trôi e'n ach.

Ddaw neb i geisio ganddo mwy
fywoliaeth. Ddaw 'na neb yn awr
i'w gaets i ddisgyn ynddo . . . Ar
y tir o'i gylch, tawelwch dewr.

# DYDD GŴYL GWRYWDOD

Tawodd y gwyddau. Dyna oedd orau.
Trodd yr ieir eu pennau bant
fel blodau. Ac yn gryndod ym macwn
ei gilydd closiodd y moch wrth
i'r gwas urddasol dywys y tarw i'r clos.

Pa ysgol y gellir ei chario i'r ydlan
i ferch Ty'n-y-Waun ei dringo rhag y winc
a daflodd Jo amdani? Sut y gall
aderyn-y-to bydru yn ei flaen i ddeintio
heb fod llawr y lle yn corfflosgi'r llwnc?

Llanwodd Gwenda ddrws y tyddyn â'i haul
er mwyn llifoleuo'r achlysur. Sychodd
y gwas ei chwys fesul cunnog. Ac yna,
o'r tu hwnt i'r diderfyn, darfu:
tyrfau fel tyrfa yn chwythu eu mellt

gan ruo dicterau tynerwch – wedi'i waredu
drwy'i ollwng o'r trais a'i drysai'n orffwyll
heb ei addysgu ynghylch buarthau
caredigrwydd, heb ddisgwyl cyd-ymostwng – tan gnoi cae
drwy ganhwyllau sgarlad ei lygaid fomiau rholiog

a thrwy gyrn a'r gewynnau yn gwanu'r gwddf
yn dynn gwasgarwyd y cywion fel gwair
gwib chwyrnodd rhai cerrig wrth ddihun-
o cythrodd yr unig geiliog fel trobwll
i Gae Meillion bu'r taniwr hwn yn palu'r glo caled

i'r ffwrnais gael rhuthro ysgythru gyda'r bryniau
dros y gorwelion gorolau i sgleinio fynd i lawr
i'r dolydd dwl oni fynnai'i frefu wthio'i lo drwy dwneli
dynoliaeth at blatiau ffyrnig ar gyfer cegau
addas cigyddion . . . Sobrwyd yr wybren

cyn dychwelyd o gyffredinedd i ganol y clos.
Lle bu angerddau fel injin-ager yn rowndio'r tai allan
yn awr ceir clwcian swci a chrafu siach-siach
drwy'r dom. Mae Jo yn ffatsian ei ddyddiau hir
arferol mewn pwyll. Yn ddisylw y clymwyd patrwm y rhod

oblegid ma's o'r Etna clegar a'r dryswch
brefu, ymlusgodd buchedd drefnedig drachefn.
Nid anodd dyfalu fel y rhoir at ei gilydd
bellach odro oer a bwydo'r ieir – fel adeileddu
coesau, pen a chynffon llun adferedig buwch.

A sobrwyd Gwenda. Aeth hi'n ôl at ei smwddio. Yr oedd
yng nghornel y gegin, ei thad, wedi'i strôc, mor ddibynnol.
Symudodd hi i dwtio'i fraich. A lledodd amdano
ei thiriondeb. "Dim ond Jo," meddai, "a'r tarw."
Gwenodd ef tua'r goleuni ohoni. A chydiodd hi yn ei harn.

# PORTREAD O GOEDWR

Carai'r coed, a'u curo.
Drwy grwydro yn eu plith fel
ymysg merched mwyn a gwyrf
    rhwygid ffurf ei deimladau.

Y gyhyren yn ei drwyn
a fradychai'n amlycaf y ffaith
mai'n bren y cawd yntau, brown
    ei ên, a'i risgl yn frych.

Ac felly pan deimlai ef
swmp coed, a'u llorio,
lleihâi beth arno ef ei hun
    fel pe bai'n weithred annheilwng.

Oherwydd coleddai'r hyn a laddai . . .
Caru'r werin oedd rhaid er mwyn gwneud
tai glân i deuluoedd cytûn
    flysio'u rhagflas o baradwys;

Yr un pryd ar ei groen, mwswg
a bydrai'i fôn; ac
ar ei gern, plisgion
    a naddwyd gan y glaw

a drawai i lawr liw dydd
hyd rychau tua'i dir
araf. Mwy o lawer fu'r draul
    o gerfio a fu arno ef

liw nos, yn nos ei wegil:
arhoswyd wrth ei wraidd
gan rywun tal, ac ymestyn
    lan tu hwnt i'r gwastad,

gan ysgythru ar ei war –
gyda llun go glir
o galon – ddatganiad naïf:
   "Duw," saeth drwy'r galon, "Dai."

Ie! uched yn ei galon oedd ochain
pren . . . A! y glwydfa i frain . . .
Yn ei geinciau ceid meithrinfa
   i nabod eu deilios coch.

Eto, un nos dyma'i Goedwr uchel
yntau'n ergydio fel cariad . . .
Arno ef! "Nefi!" . . . Nawr angau
   ei hun a leihawyd.

# O'R OERGELL

*(Dywedwyd wrthyf fod letus yn gymorth
i gadw'r anhunedd draw.)*

Letusen o'r oergell,
yn lle dodi 'ngheg
wrth dy geg, rwy'n gadael
i'th aeaf siffrwd
yn wyrdd. Yn lle cragen
i'm gwefusau rwy'n dy ddal
wrth fy nghlust i wrando
ar wrando. A glöyn
gwyrdd wyt a ddisgyn
ar ymyl fy ngwrando
na ŵyr glywed ond,
fel yr eira yn dawel,
'ŵyr ddeall. Yn glust
wrth glust lle syrth
yn eiriau nas yngenir,
y gwyrdd ar fy nghragen
a ymetyl. Ond y gwyrdd
yw'r ffordd o rwydo'r
gerdd, a'r gwyrdd
yw'r cudd o dan
yr oerfel: y darllaw
a ddaw o'r ddaear. Gwrando
'wna fy mhlu ar liw
y gragen dawel
gan ddisgwyl drwy fy nghlyw
ddiferion o dyfiant emrallt.
Ac o'r diwedd wedi'r
pallu mewn oergell
o fyd caf glywed
yn y letusen
fel gan löyn ei hun
o'r pellter rhew
ymdeithgan uchel

53

y tonnau crych a
gwyndra adain yn dihuno
y basddyfroedd gwyrdd
gan rolio'n gynnes
a meirioli'n gân
am yr aelwyd.

# HANNER CANLLATH

Lle peryg yw glan afon. Cynllwyniai hon o weld rhodiannwr
    llai dychmyglon na'i gilydd
wedi dod i ymystwytho. A neilltuai hon
    hanner canllath ar gyfer creadur o'r fath.
Mynnai agor amdano, lluniai we o egnïon
    llonydd i'w ddal
yn ei llieiniau, fel y ddwy fursen las gyffredin wedi'u
bachu ar bwys gan geuled gwres, am hanner canllath.

Ac o fewn y caeadrwydd hwn yr oedd hi'n aceri agored,
    man lle'r oedd lle. Gollyngid
digonedd o aer i'w bori gan y ddwy
    fursen las a hongiai ar fachau o des
ynghwsg ar adain fel bylchau rhwng y ticiau
    ar watsh. A phlu
eira rhewedig oedd eu meddyliau yng Ngorffennaf
am mai hanner canllath o osteg oedd eu hwyrnos,

ynghyd ag un diffyg awel yn bwyllog ac yn agos iawn
    i'r lan. Os na allai
y diffyg hwnnw geulo amdanaf, fe'i gwnâi
    y goleuni ei hun yn burion. Am na chodai'r brwyn
eu lleisiau, clywai'r dorlan wacter gwynnach na
    thudalen weili. Ar lan
yr hun hon, o achos dwy fursen las ar fachau,
dim ond beddau a fentrasai yno agor eu cegau.

Hanner canllath ynghynt darfuasai'r manglo dŵr,
    parlyswyd y cywasgu rhwyfus
a dechreuai'r afon ddygymod â'i led, wedi'i ogrwn
    o'r gwyll. Y golau a ymunai yno wedi'i ail-wneud
gan fyfyr dwy fursen las – dau ridyll
    rhyngof a'r hyll.
A hongiai'u gwawl drwy'r awyr drythyll yn ddyfal o wylaidd
wedi distyll y stŵr gan esgyll fel diferion edifeirwch.

Dyw hanner canllath ddim llawer. Ac oni bai
        imi anystwytho un gyda'r nos a sylwi
ar y gwahaniaeth yn nhaith yr afon, ni buasai'n ddigon.
        Ond am ychydig diffoddwyd fy nhywyllwch fy hun
a dringwyd grisiau fy nghorff er mwyn gweld eu golau
        hwy'n well. Eisteddais ar bwys
ffenest fy llygaid, heb syflyd, i gymdeithasu'n
ddi-sŵn, heb neb arall yno, â'r ddwy fursen las gyffredin.

Lle da i'r haf stopio oedd yr hanner canllath hwn. Casglwyd
        yr hin i bendroni'n rhiniol
am beidio â bodoli ac am allu distawrwydd i'w feddiannu.
        Mae'r holl wybren bellach yn derbyn
gwahoddiad i feddiannu'r ymennydd. "Dyma fi," meddai'r afon
        "wedi dod i blygu'n
ufudd i'r awyr sydd drosom, sydd hithau'n fudan mwyach
wedi ceulo'n ddyfnddwys weddigar i'th arllwys i'm crochan crwn."

Cyn yr hanner canllath hwn, hyrddiasai'r culni drwy'r
        dyfroedd, fel y lluniau modern
sy'n ein gwneud yn gyntefig, adlewyrchai'r ewynnu
        flodau wedi'u fflangellu hyd y llawr
a'u breichiau'n estynedig geryddol, fel y gwareiddiad
        sy'n anwareiddio
gwreiddiau, a datodwyd pelen edafedd yr haul ar hyd
y brwyn yn ffrydiau brown, yn nerfau gwaed i fywiogi tir.

Eto, am egwyl, oherwydd y ddwy fursen las ynghrog
        baentiedig ar y diwetydd
ces ogoneddu'r fangre fwyaf dirifo o fewn fy mhenglog
        yn gybydd ac yn fyfyriol fel derwen o fewn
mesen yn cogio digwydd. Crëwyd adwyon yn nysg
        rhodiannwr diffansi;
ac uwch y disgwyl hir, plygodd y dderwen fyfyriol
i lefaru rhai brawddegau marmor wrth lifeiriant.

Wedi hyn, fe'm hail-gaethiw-wyd, symudais yn ôl drwy bared y gwawl
    ymlaen at y gwyll gofynnol.
Drwy bared arall y daethwn i mewn, ond rhyngddynt
    gwaddolasid hanner canllath o dywynnu dywenydd.
Fe'm dilladwyd yno mewn hanner canllath o wisg araf
    briodasol a thorsythu'r
cylla, heb fesur, – cyn ailgydio yn y nos
a'i threigl, a cholli glesni dwy ladi las.

A cholli'r hanner canllath, colli'u golau; ailymaflyd
    yn yr afon, yn y mwstro mul.
Ond y tu mewn i mi gosodasid megis lawnt
    ar draws gwastadedd cof a chrwydro dof
hanner canllath na all yr un bâl ei ddadwreiddio.
      Fe'm rholiwyd yn gymen;
ac er i'r helwyr ddod â'u hesgidiau hoelion i chwarae
arnaf glychau dŵr filltiroedd clau, fe erys fy hanner canllath.

# NELLY SACHS
*(Bardd o Iddewes: 1891-1970)*

Piciaist dy ffordd rhwng simneiau'r iaith Almaeneg,
   Codi bricsen yma, slatsen draw.
Sengaist dros ei hadfeilion fel dryw – ar friwsion eira –
   Na ddeallai rew.

Dest ti hyd enaid y llanast i lunio, o'th fethu
   Ag amgyffred, dosturi. Dest
O'r chwarel chwerw gan dynnu trwc wrth d'ysgwydd
    Yn llawn cerrig tost.

Heliaist hwy'n rhew, fel diemyntau go lwyd a galedwyd
   Gan anadl gelyn Isräel, i gael
Addurno'i gwersylloedd. Cynorthwyaist i'w hailadeiladu
    I ddirnad hwyl

Hil Eckart. Ond yno nid palas iâ a luniaist
   Eithr cutiau cynnes. Trwy'r bùn
Sbwriel lle taflwyd y ddaear, mynnaist ei hadfer
    Ar gyfer gweddill gwan.

Drwy ffenestri diganfod codaist odlau godidog
   Tan grefftio o'u ffieidd-dra nenfydau gwych.
Troist ti ysgyrion eu dyheadau yn ddodrefn
    Dan gloriau coch,

A gorwedd yno gyda'r gelyn claf diamgyffred,
   Ymddiddan yno drwy'i udo mud,
A cheisio dysgu drwy falurion mai newid yr anneall
    Yw caru'r holl fyd.

# DADOLWCH AR RAN FANDALIAID

*(y rhai a ymwelodd â phlanhigfa gymharol newydd)*

I'r fan hon y dôi'r dewrion,
    a 'byddai neb
ond chi'r derw'n barod i'w cyfarfod yn ddiarfau.
    Rhaid eu bod wedi sleifio
        liw nos
a'ch gwanu bawb yn gynnil rhag dod o'r gwanwyn.

    Ond buoch chi'n disgwyl amdanyn-nhw
        yn eich plisg.
Bu'ch blynyddoedd fel wal hardd yn disgwyl am
    eu munudau rhedegog, yn hyderus
        bod gwisgoedd gwych
yn ddigon o dragwyddoldeb rhag nihil.

    Rhyfel-byd mewn llwy de ar gerdded
        oedden nhw.
Eu harbenigedd oedd blingo rhisgl. Llwydden-nhw i "wneud"
    un goeden mewn deng munud. Diolch,
        gallasen-nhw fod
wedi treisio meinciau-teg (-a-braint-gwynegon).

    Cymodaf heddiw rhyngoch chi, gyn ffrindiau mwyn
        a blanesid gan
uchelwr gynnau, â'u cais hwy ar faes y gad lle gorweddwch
    yn glwyfau sy'n fflawntio hydref
        ar lawntiau tlws,
a'ch och chi wedi cyflafan bro, wedi gwywo gwiwer.

    Diau fod rhywbeth wedi hogi'r hogiau
        'fynnai garthu
daear, neu dywallt eich gwaed prennaidd i mewn
    i dywydd. Os ceisiodd dyn
        di-lun blannu deg
ar hugain del o goed mewn darn o borfa wast,

yna, oni ddylid disgwyl hwyl
        gan helwyr
o hil yr hunan, allan o ogof eu hagrwch? Rhy swil
fu cyrff eich swae, y brigau
            a'u sgrechian brau
ac egin yn gwegian a'r dail fel babanod yn eich breichiau.


Cymoder eich boncyffion nawr ar eu cwrcwd, sy'n
        ymatal rhag
rhegi, â'r dannod hanes a haenau o goch
    yn pwmpio o'u hanwes. Daeth y
        ne' 'lawr fel adrenalin
i'ch claddu. Wedi sioc roced, 'chyfrennwch ddim ond drylliau


    addas i'r ysbyty meddwl, a'ch wynebau
        wedi'u chwythu'n wib,
coesau'n ceisio camlas ma's o'r mŵd, heb gyrff
        na gwynt heblaw 'oglau du glaw
            ar gnawd gwlyb
a meddyliau'n ymeiddilo wrth arddel erthyl.


    Poni welsoch chi'r arwyr yn
        fyddin chwerthinog
wedi'i threfnu gan esblygiad i hau eu gwanc
    yn dranc i'ch irder dan draed?
            O gylch eich twf
sawl llanc a fu'n prancio, a'r sug yn ysgarthu ofn.


    Eto, 'wn i ddim o ble y cawd ymhlith
        parchusion Gehenna
y gwrhydri i'ch diffodd, rai glas, oherwydd i mi liw dydd
    buoch fel goleuadau
            yn y nos
yn taflu lliw tramgwyddus mewn byd difater.

Diau am na allech rygyngu rhag angau
    ichi gael eich dewis
gan y dewrion, gweision darfod, y rhai sy led y ddaear
ac o fewn y ddaear yn ymguddio.
        Chwiliai'r cachgwn am rai
y tybient eu bod ymhlith yr hil a fygythid gan sefyll.


Ond dw-i wedi dod at fy nghoed.
    Cymodaf fy mawl
â'r angau 'fu ar gangau eich gwendid. Does dim o'r adenydd
mân yn canu mewn planhigfa mwy. Mynnid
      gweddwon mewn deng-munud
drwy fedd-feddiannu'ch twf etifeddol. Does dim ond brolio
yn awr fod gennych ddyfodol mawr ar lun "maes".

# NARSISWS MEWN TRIPTYCH

Mynyddoedd-iâ
    yma'n nyddu
fel bwganod llyfn
    hyd goridorau'r dyfnder
a'u deciau'n llawn
    o dician llwm,
tripyn-tropyn
    â'u deilios haf
tua'r dadlaith
    maith y maent yn mynd.

Chwilen yn ffoi ar ei phen ei hun
    i goedlan y llwyf
gan gydio yn y pen.
    Bob un yn ei thro
croesawant y corach
    claf. Safant
yn y gwt wrth borth y llanw
    i borthi'r bwli
heb fod y naill yn ymwthio
    heibio i'r llall
â'i phenelin . . .

A ninnau bob un
    yn ein tro y tin-drown
yn yr un gwt wrth yr un gât
    chwilfrydig
ar gyfer yr un siwrnai lusernog.
    Tair twymyn
wedi'u hoelio drwy'i gilydd
    mewn dychryn o ddrych.

# PRACTIS LLANIDLOES

Bûm farw o'r blaen:
        blesais untro halen y wledd
pan ragbrofais olwg o'r drwg nad yw'n ddel y telir
amdo'n gyflog amdano, pan ddathlwyd bedd
anghred a methdaliad hyder yn fy mol. Daeth dolur
drwy ddôr drugaredd i'm dihuno wrth fy lladd.
Fy ngwendid a ganfûm o'i lendid, fy rhyfel o'i hedd.
Chwant am fy nhredinio ymhellach a rôi mwyach
benderfyndod i ymddarostwng yn hy i wely'r wadd,
syched am ddrachtio'n ddyfnach yn y gyfrinach

ddinoethi. Y pryd hynny
        cawd barn, o'r blaen cawd carn nacáu . . .
Ond pan gaf, ryw achlysur achlesol ar fy hyd,
wynebu anwesiad y cymwynaswr brau,
oni ddaw hwnnw ataf i'm hatgoffa'n syn â'i wynfyd
am chwithdod y tro? Trwyn uwch blanced, ceg hefyd yn fud
o ddannedd, talcen gwelw atgofus yn ymaros
gyda'r fendith effro a ddisgynnodd untro ac o hyd
sy'n faen a roliwyd o'r blaen oddi arnaf un hwyrnos.

Do. Ces drengi
        ynghynt. Treiglai'r amen o'r nen yn wir
o'r tu ôl i gwmwl i'm traha ar-ei-ben-ei-hunan,
a'r gwaed yn llafnu drwy fy siercyn a dafnu i dir
o dan f'amheuaeth fain i frain lymeitian.
Eisoes caed y gwanu clun ogoneddus wen, a'r gŵr
dieithr yn bwrw fy nghodwm ar y pridd; ac eisoes
caed crymu i'r tir distadl wrth iddo fy hwpo, drwy ddŵr
rhwng waliau, o'r Aifft. Onid anadl fu'r llif i'm heinioes?

Ymarfer o amddifadu
        diwahardd o hardd fu hyn,
y cracio a'r diffeithio gorfoleddus, a chasglu
patrwm y caru darfod, a phrydferthwch cryn

yr ymgreinio. Onid felly y ces i untro ddysgu
cysgu nes diwel blinderau daear? Drachefn daw un pla
o blygu cariadus, eto un ymwared arteithglwyd,
mewn Arch eto wrth dreiglo ar hyd dyddiau'r dŵr da
i'r porthladd, lle dethlir elwch o dawelwch drosof a dalwyd.

Drachefn un tro,
           f'enaid, tynner d'esgyrn, trycher croen,
trowasger cramen drwy'r hidl, a thrwy'r loes y rhidyllu,
gogrwn, gwthio drwy'r tyllau mân du heb ar ôl un boen
nac un twll yn waddod i'r pwysigyn chwyddedig a fu
'n mynnu ffordd drwy'r baw. Ac yna, wele'r rhawd yn rhodd,
dim oll ohono'i hun, dim pwyth, heb ddim llwyth i'w ddadlau
onid croes un arall a minnau arni (ac angau a ffodd)
wedi fy llusgo hyd fy ngwâl i'm diatal eni drwy'r creithiau.

# Y DDAEAR YSGAFN

Taro cis a wnâi honno,
chwarae 'mhriodi i. Tybio a wnes innau
iddi ymrwymo am oesau yn fy nglaswellt twym.
   Credwn fy mod
  yn ffoli arni â'm holl betheuach.
Ddymunwn i ddim bod yn unman ond yn ei chwmni
lluniaidd. Allwn i ddim gadael llonydd iddi, y ddaear
  faeth, y ddaear ddiriaeth dda.

  Ei chig oedd wychaf. Y coedydd
bras a'u trwch aelodau. Buddsoddwn fy chwant
yn llawnder ei chluniau. Ni chwiliwn am odid ddim
   ynddi ond sudd
  ei bronnydd i ddigoni fy ngên.
Syniwn fy mod yn gwironi ar lên yr ŵyn
a'r adar, a dywalltai'u synhwyrau ar lawysgrif ddibrin,
  yn wyllt ar wellt neu'n ddwli ar ddail.

  A bûm yn ei chanlyn, yn ddyfal
ac yn ddiogel, i bob rhyw gornel, ar draws y ffridd
a'r ffrwd, gan obeithio cyrraedd y pen. Ond doedd hyn ddim ond
  rhyw smalio caru
  mewn sedd rowndabowt. Rhy ysgafn
oedd dan draed, gymaint nas caed ym mhleth anghymhleth
  ein perthynas dila,
  fel mai byw-tali o ymarferiad fu hyn.

  A chyda hon a ddarfyddai
doedd dim gormodedd o le i ymddiried megis carwr
yn ei fun. Fynnai hi ei hun ddim ond machlud
   pan ddôi rhyw fymryn
  o nos i ddychryn ein hanwesau;
ac ysgafala oedd yr afael ar dalpau pridd hon
drwy elltydd mor gynnes eu siâp, mor gain eu swydd,
  ac yn yr hwyl ar hwyliau yn ein harbwr.

I mewn a ma's heb ormod
o barch fysai hyn oll o ymweliad. Dim ond cis oedd cyswllt
heb na rhith o flas para na chwaith beraroglau
　　diysgar yn glynu
　　　arnom, heb inni'n dau gael ein cyffwrdd
　gan fwy nag adnabod glöynnod yn y glynnoedd. Ymhle y câi
fy nwylo'u trochi'u hun yn ddiwarafun mewn paill mwy solet?

　　Chwiliwn ddifrifoldeb yn arferoldeb y blaned.
Sobrwn yn ei mannau tywyll, yn llygreddau'i mynyddoedd taeog,
yn ni-anrhydedd y ffrydiau, gan ymostwng i'w moroedd llwyd.
　　　Ond analluog oedd hi
　　　i feithrin y cwlwm hoff.
Doedd y peth ddim ynddi. I nwyd y'i cyflyrwyd hi'n unig
　fel y sylwais yn ei dolydd gwib. A nwyd wedyn
fyddai'i hymadael oll a amodwyd gan gyflymdra cyrff.

　　　"Fel yna," meddi di, "y mae pawb
　　y dydd sydd ohoni. Does odid neb
yn gallu ymestyn a chyrraedd daearol ddyfnderoedd y ddolen." . . .
　　　Na ddweder "neb".
Mewn gwendid y dysgodd un llwyth ffôl o'r golwg.
Fe'i hyfforddwyd drwy ysgafnder; asiwyd dur eu priodas
　　gan ddyfroedd gwylaidd am ddistawrwydd y Crychydd croes.

　　　Oes, mae yna rai,
ddinasyddion ar ddaear amgen, a'u heiddo a'u rhyddid
ar graig estron. Mae yna dlodion a ŵyr bŵer
　　　am yr afael ryfedd
　　gan ysgafnder corff ar dir, er disgyrchiant
　　　pur yn anadlu drwyddo fel awyr.
Fe'u clymir am dro go ddiderfyn fel dagrau wrth flew
　amrannau ond sy'n fân oleuadau pluog acw
　　fel na lŷn mo'r trymaf wrth hon.

Ac yn niffyg pwysau'u dafnau
y ceir eu holl adnabod, am na orthrymir eu hymlyniad
gan chwant pedantig. Yno mae'u dotio
ffyddlon yn lled ehedeg,
eu mwyniant sy'n gymwynas i seiniau o wasanaeth,
eu dril sy'n ymdreulio yn erbyn Craig nas craciwyd.
Ac ni thrywenir mo'r ysgafnaf,
na'r angenocaf claf nis meglir, o achos yr afael esgus ar hon,
y rafio ysgafn ar hon.

# Y GEGIN

"Wyt ti'n sylwi pwy sy tu ôl i ni?"
holai Ieuan ab Ardden Wythur ab Io
ar gefn ei farch brych gan rygyngu
tua Chatraeth. "Ydw, ers tro," ymbinciai Gwythur
gan wasgu mwy o fonedd ac ychwaneg
o syberwyd allan o'i warthaflau gwynion.
"Yn ei feddwl, mae e'n gwneud nodiadau
am dy gefn syth a'th gluniau lluniaidd."
"Ydy, a beth bynnag 'ddigwyddith yn y De
bydd myth y deyrnged honno'n lladd blynyddoedd."
Ond ni chanfuant y tu ôl i Aneirin – ar esgyrn
difalch – Ragluniaeth yn marchogaeth gynllwynio
am y Brawd Madog yn yr unfed ganrif ar ddeg
yn Llanbadarn a fyddai'n colli'r union
ddalen chweg yr oedd eu penillion arni, gyda
sborion y gegin, gan sarnu'u hurddas bum canrif
a hyd yn oed dafnau ambell flwyddyn wedyn.

# PORTREAD O DDYN NAD OEDD
# YN AMHEUWR

Dathlai amheuaeth, ond nid adwaenai moni ddim:
Gwedd oedd-hi ar ei fraster. Gweddi elfennol ydoedd
I ddiogelu'r absen sefydlog. Alltud oedd ef
Rhag gwir ddewis, er swcro'i draserch am ansicrwydd.

Ond wyddai fe ddim am amau am iddo gael ei gau
Yn ei negyddau i gyd. Roedd yr ochr agored iddo'n fud.
Wyddai fe ddim am ddau. Ac am na wyddai fe iod
Am y dychryndod o Fod, o bwyso o bosib ar fyd

A fyddai yno, bu ef allan ar ystyllen yn hongian
Uwchben miloedd o gufyddau o wagle: roedd hynny'n
Glyd (dethol fu ef o'i grud). Ond ni bu ynghrog
Hefyd uwch miloedd o gufyddau o'r Duw byw. Gwyn

Ei arswyd yw'r sawl a ŵyr y gall fynd, y caiff fynd
At yr Un terfynol glân, o fewn y tân têr ei hun.
Ond chwarae plant fu'r gwag i hwn, cythrai'n ei ôl
At ei ddeugwsg rhag Un a fuasai erioed ar ddi-hun,

Gan frolio amheuaeth. Am hynyna roedd y dyn yn o siŵr.
Credai yn yr amau fel na allai namyn dyn
Sy'n coelio'i fod yn fyw er mor anniddorol byth y bo.
Ac ymglymai wrth ei ansicrwydd fel gwefusau ar ymyl dibyn.

A glynai'n dwll-ddall yng ngêm sgeptigrwydd fel pe bai
Hwnnw'n angor rhag storm gwybod. Ond y meirw'n unig
A'i bywiogai, y symleiddiad na wybu eto mo'r amau
O fewn ymddiried, na'r unplygrwydd sy'n blingo'r bloneg.

Pe buasid wedi preswylio am funud ar fin rasel
Y gwelediadau deuol peryclaf, ni phrofasai ef ond
Ei dorri calon terfynol, teimlasai'r gobaith nas ynganwyd,
Y weithred nas gwnaethai, yn ceisio mynd, wedi mynd.

Ond nid mewn amau y ceid ei nam ond ym mhau fewnol
    diamheuwr,
Mewn ymatal rhag y diau waith am mai diog ei daith
Hyd yn oed i lawr. Ond er troad osgoad, caiff wybod ryw lun
Am gur y ddwy natur yn Un ac un diwedd 'sdim dwywaith.

*(Tardd dubitare o wreiddyn Ariaidd yn golygu dau:*
*gw. hefyd 'Daroganau Myrddin'.)*

# TECHNOLEG DDI-STRAEN Y BORE BACH

## I

Bach yw. Mae'r nef
wedi agor ei llygad;
ac fe gyfyd o'r gofod
i esgor ar esgyrn;

ei bore 'ddaw i bori
yn y caeau mewn cewyn.
Ar draws y waun
mae'n astudio hercian.

Allan o'r distawrwydd
y stabla'n blygain.
Mae'n hongian blagur
ar bren y diwrnod.

Mentra'r blodau
arddangos cudynnau;
a chrwydra'r adar
drwy'u sillafau gwylaidd.

Helir ymaith
glod anwybodaeth
wrth i'r "bydded" gwrth-ddall
dreiglo allan

arnom. I genedl
nosedig, a'i gobaith
yn llatai, crisielir
cyflychwyr yn fedd-dod.

Diwyd yw "da oedd"
planhigion mawl
a'u fflamau'n cydio
nes tywallt bydysawd.

Genir edrych
o groth yr heulwen;
ac wrth lowcio'r gwlith
wele'r hedyn yn rhodio.

Gyrrir y garreg
yn ôl, achos Mair
yw'r nos ing yno
yn ei dirgelwch angen.

Ac wedi'r gwyll croth
gylch bwlch o gylch
goleuni'r byd
nes i'w wyndra enfysu

yn y bach! Oni fodlona
hyn o ddiwrnod
ar ymgnawdoliad mân
drwy gread mawr bore?

## II

Nid wyf, fy Nghrewr bach, yn haeddu iti ddod
gam a cham nawr i lawr gyda mi fel hyn
i ddangos imi'r Afon. Nid d'anwybyddu a wnaf
yn unig, ond dy fychanu. A dyma ti o gam i gam
yn lledu ger fy mron y gawres dawel dryloyw yma'n
ymostwng o'r mynydd i'r môr cyn cael ei dyrchafu
drachefn yn uwch-uwch i ddychwelyd, yn uwch ei hanadl
nag y bu erioed – cyn ei darostwng eto i'r cerdded isel.

Nid wyf, Waredwr mawr, yn deilwng o'r filfed ran
o'r gwmnïaeth dirion hon, o'r elyrch yn mordwyo
mor soniarus eu heddwch ar led y mudo, yn ôl
i'r ffurfafen lethol hon sy'n golchi f'aelodau.
Gymaint o drefn, gymaint o ddamweiniau trefn
i esgor ar gawres o ddeddf i rodio rhwng dolydd,
mor llond y bore, mor brydlon afradlon ar laswellt.
Bob yn gam yr wyt ti'n mynnu dangos imi'i hageru meddylgar.

Nid wyf, fy Arglwydd deublyg, yn deall dy faddeuant
hylif yn swmera lefaru rhwng y glannau hyn
yn gawres dra bach sy'n mynnu yngan cymaint
am berthynas awyr a thir, y gwir rhwng pysgod ac adar,
rhwng hesg a Hydref wybren. A thi mor agos
yn treiglo dy drugaredd ar draws ymennydd,
pa le dihangaf rhag cymaint a chymaint a chymaint
o dosturi ymwelus, rhag glaw iechydol serchiadau?

A'r cyfan yn cydlynu! Mynnu â'th sawr yn awr a wnei
rodianna law yn llaw rhwng bore'r ffrydiau ffôl
a'r awyr dawel arhosol, ac aros, aros, aros
a'm cwtsio yno'n dynn: y dŵr, yr wybren, y gawod
a thi fy mhopeth yn rhoi breichiau dy gread amdanaf.
Ni haeddaf hyn: yr un. Y rhoi diderfyn dyrfa, y rhoi
ohonot dy hun; ond rhoi nes i'r gwala o'th waed
i'm gwaed godi'n ras 'lan, ar risiau dychwelus i'r cwmwl.

# CASTANWYDDEN YN PENDERFYNU HEDFAN YM MAI

Ofnus yw'r gastanwydden. Yn nerfus
y cynhyrfa, gan beidio â gweiddi na symud
ei sibrwd ar hyd mydrau'r dydd.
    Araf yw'r to gwyn
   yn cael ei eni heb sgrech.
Cysgu, ymddengys, a wna'r pren, heblaw chwyrnu
   ambell noson noeth.

Clywch ei gwawn gwan yn cau'i amrannau.
Mae'r gastanwydden wrthi'n cogio hepian
uwchben ei pheiriannau trwm
   wrth fas-gynhyrchu
   awyr i'r wybren i'w hanadlu
a dod yn fwy o awyr. Dyma hi ar waith
   mor gyfrinachol ag eira.

Petrusa anadl ei bodolaeth wen-
a-Gwenhwyfar rhag y gorwelion ffo a phen-
dramwnwgl. Gwahadden mewn bedd
   yw tw'r gastanwydden
   er bod ei ffrydiau perl
yn eneinio'r nen, ac ystafelloedd y ceinciau
   uchaf, hyd y gwreiddiau,

yn treiddio i'w seleri lle y
storiwyd y gwin gwyn. O'r herwydd palas
chwil yw'r gastanwydden niwclear hon
   i ddistawrwydd ymagor
   drwy'i blagur: hyd yn oed ym
mhwll y tanwydd meddylgar y mae'n
   paratoi'r ffrwydrad madarch

o flodau heb godi twrw. Felly y
llunia'i phenderfyniad yn ei gwely plu mor dawel

â diwedd . . .
                    Serch hynny, cartref cantref
      i franes a geir. Ac felly,
      er i'r tu mewn hiraethu'n flodau
      am fod yn wybren, nid unplyg yw'r hedd ar
        y goeden am fod ei gwesteion

      yn reiat. Fel pobl, na wyddant mor lân
yw cyffwrdd ag ymyl gwisg yr areuledd
llyn-o-luniaidd, saetha'r
        bwganod-brain
        o frain eu drylliau diddeall
      ar lond bore o geinciau'n breuddwydio'u
        trigain oed hyd at barti.

      Yno lle yr oedodd llonydd
yn anwel ac mor llethol â llaeth, wele,
      picia'r seiniau duon drosti
        yn hen wragedd
        (ynghyd â'u ffyn) am oriau i franychu
      awyr gyda'r swigod gymylau yn gawod
        daranog o gywion drwy

      negydd yr haul yn hela
a rholio mewn carnifal rhegfeydd
      branllyd o gŵn . . . Hithau,
        mor araf ag
        unigrwydd, erys yn fodlon
      ar fod yn danchwa fud heb ddweud
        dim gan ymatal

      mor dawedog â'i heneiddio
can. Ac wrth gwrs, blina'n brain.
      Wedyn o'r tu mewn iddi'i hun
        y goeden a ddaw
        yn ei hôl â sŵn ei goleuni'n
      adennill hyder a phenderfyniad ungoes
        eglwys sy'n ymrithio'n

fuddugoliaethus yn gynnil yng nghanol
celanedd ar faes y gad. Ond 'fedr hon ddim –
    oherwydd y brain a'u pigau
        cigog – ond dwysáu
    wrth i'r ceinciau gynnau
mân-oleuadau uwchben ar ei chorun
        sanctaidd. Wedyn dengys hithau'r

gastanwydden y medr yn bwyllog
hi hefyd, oherwydd y negydd, hedfan yn llacharedd
    drostynt. Drwy fodolaeth y rhed beth
        cyn lledu'i blynyddoedd
    o wybodaeth am y brain uwch
caddug eu crawc gras, ac ymlaen yr hed â'i
        siandelïerau i lifoleuo'r

peidio. Yn ddistaw y myn ledu
ar draws eu distryw ei hadenydd
    gwynion yn nenfwd ynfyd, ac ymlaen
        y myn hedeg yn angyles
        ganghennog amlwyrddedig
    wen, nes i'r goleuni fflamio'n fflwcs
        gan egluro'i ffydd i'r wybrennau.

Gwesty a'n nodda yw'r gastanwydden
rhag branes (a'i chwsg yn dwyll) wedi
    tynnu i mewn iddi'i hun yr heulwen
        a ddarpara arddwest
    addewid i wiwerod ar bob cainc,
    ond a fuddsodda hi yn ei llewyrch
        gyda phopeth clwyfedig.

Wedi dringo tŵr y mae'r blodau
mor uchel nes eu bod, wrth syllu yn ôl
    ar y brain islaw, yn saethu
        smotiau didristwch a di-drwst.
    (Gwir westai goleuni yw gweld.) A hedeg
    'wna'r blodau i'r gwyndra anelu o'r uchder
        ac arlwyo – rhag lliaws stŵr – un areuledd.

# Y SILLAF UCHAF

Masnachol yw'r ysglyfaethwyr cryg 'gyneua gig y llanc:
hed nicers, bronglymau ato. Ac eto, er mor llwyd
yw'r miwsig a llwydach y geiriau, y mae 'na un udiad
yng nghelwydd y stadiwm sy'n gysgod o wirionedd eu nwyd.

Pe ceisid ganddynt gywasgu'u byd i gyd
i air, rwy'n credu mai "nâd" fuasai'r cyntaf 'ddôi;
ond ar ffurf y curo eithaf, y difrifwch ar ddôr harn;
gosodiad yw 'fyddai'n gomedd dihangfa mwy, a glôi'r

holi anaele 'ddylai fod wrthi yn atig ar-dân ei ben.
Mae'n rhaid iddo fasnachu â hwy'n syth. Yng nghôl olaf bod,
sill fyddai'i eco yn gwegian ar fin ei affwys dyfnaf, a
llythyr cymyn nos. Cystwyad awyr adlais yw nod

y stadiwm i'r llanc. Plisgwyd pob croen a chnawd
a dyma hi yn ôl, y bitw weddi yddfol fân
yn dynn am ei wythiennau. Nid "trasiedi" – oblegid y blingo
ar synnwyr, y gwadiad o'r nen na ŵyr mo'r glân.

'Gollynga fi!' sibryda drwy hysbysebion lle crewyd adwy
na wiw ei gadael. Masnachwyd y bwlch i gyflawni'r union wanc.
Gwasgodd y goruchwylwyr ag arian ar y fangre glandredig
nes ffrwydro'r blodeuyn o fethiant llwnc ym mynd mynd y llanc.

Saif ei ateb fel baban a losgwyd yn fyw gan fom
atomig, y datodwyd ei groen yn garpiog a'i wallt
wedi'i ddeifio, a'i gnawd yn ddu ar ffo heb fan
i fynd. Diffiniad o'r gwir yw nad yw'n dallt

pam mae'n ubain carreg. Gair yw mewn cerbyd trên
ar y ffordd i wersyll carchar. Mi hidlwyd dig
drosodd a thro, a'i dynnu (heb fynd allan) am y filfed waith
drwy nwy, a gwyndra'i waed a rewa'i gig

yn iaith ddeall â'i chyhyrau'n anneall . . . Yn syth bin, ffy
atynt (heb ddianc). Onid enfyn arswyd y rhosyn a fo'n drech
i'w nen? Does dim ateb daearol arall a ddiwreiddia ffwrn
y gwagle a ddifaodd ei ben yn drwyadlach na hyn o sgrech –

oni chlyw ef sill is (a bareblir yn dirionach hyd glawr calon
na'r gair hwn sy'n anair, ac o gyfeiriad arall mwy hurt
hyd wastad y llawr nad yw dano nac amdano, ond ym mhlyg ei
nâd na chyrraedd ond hyd ei liniau), . . . â'i rhodd ddi-dâl:
"tyrd."

# MOR DAWEL AG ABSENOLDEB
## DROS LYN LLECH OWAIN

Nid yn wynt yn sicr; ac o'r braidd yn awel.
Estynnaf fy nwylo a gadael iddi blisgo
drostynt. Drwy fy mysedd sgrifenna hi heb ei chlandro.
Ni fedraf afael ynddi. Myfyrdod bregus yw'r
gofod yn symud. Gorffwysa fy nghroen ar y tawel
twym. Gogwyddaf ynddi, ac amdanaf y gogwydda
ei thynerwch awyr. Nid aderyn sglyfaethus mae'n siŵr
uwch dŵr, a'i adenydd difesur tan oedi'u tro
yn chwilio am sillafau wedi bod mewn trefi pŵl
yn eu swyddfeydd, yma 'nawr sy'n hongian yn chwa.
Hylif yn anadlu, heb syflyd ei hysgyfaint, yw,
mor afreolaidd fel pe bai'r llyn yn gwrthod meddwl.
Cyffyrdda'i gwisg â'm harleisiau i wrth basio.
"Nid yw" neu amser yw, yn esgus bod yn chwiw.

# ESGYNIAD Y FERCH ROSITA

*[Esgorodd y fam ar ferch, Rosita, ar ôl rhai diwrnodau ar ben coeden yn ardal*
*Chokwe lle y ceisiai loches yn ystod llifogydd afon Limpopo, Mozambique,*
*Mawrth 2000. Fe'u cipiwyd hwy wedyn i ddiogelwch gan hofrennydd.]*

Uwch llwtra'r cerrynt, ar hed, drwy gyrff
    ym Mozambique hyd goed y swnt
roedd mam yn heini mewn canghennau
    ger arch o ffau ym mrig y gwynt.

Drwy wagle dryslyd, dagrau 'droes
    droed enfys yn drysor yn y gwŷdd
uwchben y lludded gwlyb a ledir
    dros draha'r byd o dras y bedd.

Ac er i Lefiathan lusgo 'lan
    o annwfn, hon o fôr i fôr
a ymrithiai'n atalnodyn llon
    fel golau ping-pong ar jet ddŵr.

Hedyn a chwythwyd i nyth storm,
    pefriad gwawl i berfedd gwyll.
Mewn wybren ddryll ceid damwain nef
    ar draeth ei llef yn arsyllu'r hyll.

Egin a choesau cloroffŷl
    ac esgyrn esgyll, fel pe bai byw
yn chwerthin mewn trychineb: y fath
    hirgysgod a daflai'i hudlath friw.

Fel llysiau cawl y bobiai rhai
    burgynod a'u bygythiai bron.
Ond dernyn serch oedd ffrwyth y pren,
    a deilen 'nofiai ym mhig y don.

Yno i fforch y gainc ymrinia
o'r awyr yr hofrennydd. Daw
i'w cipio – i nef sy'n ymbarél –
fel angel ar dreigl o dwll y glaw.

Pa chwilio a wna Rosita? Ai
hidlo'r sêr i ddod o hyd
i sblander diolch? Ai fforio'r stôr
am haleliwia i leinio'i chrud?

Merch y cwmwl drwy obaith hud
Ararat glud, nid deryn yw
ond cleren ffel ger pryder ffin
yn rwndi'n hongian ar gudyn Duw.

Gwêl y problemau oddi fry
lle y'i chwythwyd hi dros gyfandir sych.
Tawdd ei blynyddoedd yn ei li,
ond defnydd adain yw'r galon uwch.

Yng nghôl y fam bu ing yn hedfan
diolch i bren a staeniodd gwaed.
A than ei len, mae llwyth ei bola'n
drech na llanw'n uwch na choed.

Mi dorrwyd dŵr. Esgorwyd ar
erchylltra llaeth cefnforoedd llygaid.
Ond dringodd Rosita drwy'r archoll ger
y gyrru hyn o flaguryn enaid.

Ildiwyd i uchder pan oedd dylif
glob yn gwresogi. Rhag y tir
esgyn oedd eisiau i eni. Myn
gwedd ei dringo anweddu'r dŵr.

# PORTREAD O "HUNANBORTREAD" 1661

Ymhlith yr wynebau ar stiltiau yn Fflorens caed un
go od gan Michelangelo yn "Hunanbortread, fel Sain
Paul." A hwnnw oedd yr un a ganiataodd i orohian

Rembrandt hefyd yn ei dro igam-ogam
ym mil-chwech-chwech-un gilio at wynebau an-Eidalaidd
wedi'u democrateiddio, a bronnau gorchfygedig Amsterdam.

Gwaith cyntaf portread yw dinoethi perfedd. Diflanasai'i
esgus gwddf a phob sŵn arall rhagddo
i'r llwyni tywyll. Yn y tywyllau llechai'i

aeliau a dociwyd gan fysedd cloc, fel pe na bai
'n cynilo'i lygaid ond i wneud un diferyn carpiog: difaru.
Llygod oedd y llygaid hyn a giliasai i'w ffau.

Celwydd yw pob portread, ond goleuo 'wna hwn ei gelwydd
ben y mynydd. Yn yr Eidal gellid jamborî wrth
ddathlu cnawd, wrth orymdeithio cyrff digybydd;

eithr gofod yw'r iseldir hwn. Ymboeni mewn croen yw
lle y cripiodd ufudd-dodau, heb rithyn o ond, ond
llosgfynydd o osteg ac arafaidd danchwa dadfyw.

Troes o'r llyfnder at hwn yn ei anarwriaeth. Hwn
a'i flynyddoedd-golau o anhaeddiant a ledasai'r ffanffêr
o hunangyfiawnder mewn sindrins, wele gymar-fwydyn.

Gwlad a goncrwyd fydd ambell ddyn. Y llwch o wlad hon
nis ysgubwyd. Dylid ei dodi mewn lorri ludw.
Ym meunyddioldeb y Meistr ni chynigiai ffeuen

ond cyffes o ddiymadferthedd gras gan bloryn o frawd.
Y cysgod oedd tri-chwarter ei lun. Diflannai i'r gochl
gan ddathlu ar draws ei ên y nef o fod yn dlawd.

# EHEDYDD O IÂL

*(yn canu uwch Llanelidan)*

Antur chwil
i'r entrych oedd
yn torri
Wi!
trwy'r awyr.
O
dywyllwch
y neidiai allan,
i esgyn
ar bolyn
o bill.
Fe eiliai
rywbeth –
Ai pleth
o loes?
Oblegid onid
baich oedd y
byd a dynnai'r
bychan
i lawr.

Ond iddo
roedd hi'n awr euraid:
o
dwll
ac o garchar disgyrchiant
y dôi allan
yn anwel
bechadur
ac yn unig
i gael gofod
y golau,
ac i garoli
goruwch gorwelion

o hiraeth am gariad,
a malu'i O!
drwy'r cymylau.
Syth
oedd y smotyn
swil o gân
ddi-gorff.
Brys yn ymson
oedd briwsionyn amser.

Yno roedd yn fwy na'i hunan.
Cord oedd i'r *sursum corda.*
Ni luchiai galon ei
luched onid
i fyny
yn weddi a oedd
yn waddol.
Y mae –
er nad golau
oedd daear
(yn gwartiau
o'r gwrtaith) –
yn wits bell
a gynhelid
gan heulwen
ar ei sgubell
o gerdd,
i ddeor swits:
fe ddad-dduai'r ddaear,
yn sawr o'r Seren.
A bai y bau
a faddeuid.

Gem ar gefn y fell-
ten oedd
am filltir ar ôl
mill-
tir wyllt.

Ai dianc
a wnâi rhag daear
a ddiwynwyd
gan ddynion?
Ei halaw
a wrteithiai'r
awyr,
fel na faliai
ehedydd
mân
am bara'n hedyn
yn y tir hallt mwy.

Ef a drôi'r haf
drwy'r hin,
tua'r haul lan
lan
lle'r oedd ei fellten
yn diflannu
yn y gwaed a'r gwynt
gwyn, gwyrdd.
O'i hedyn
y dôi'r hediad.
Tyfai,
gwnâi,
tyfai,
nes, ar flaen
y tafod,
ymledai'n
William Jones
ym mlodau
ne'
na wywant.

# PORTREAD O DDELWEDD

Doli oedd hon. Tylinwyd hi
Â delwedd. "Bwrlwm" oedd ei chri.
"Bwrlwm" oedd hi i bawb yn ôl
Ei stŵr – os ffug, fel hast y dŵr
Mewn jacwsi swigod wedi troi'r
Trwst yn ei flaen, neu'r wast ar ffrwst
Yn corddio i'r dwst drwy'r draen, neu wddw'n
Aflan wrth garglan: bwrlwm "Rhyw"
Fel afiaith brech uwchben y briw.

Bwrlwm ei norm, a bwrlwm ei nod,
A bwrlwm bwrlwm mynd a dod.
Ond beth 'fyrlymai? Holwch y wawr
Sy'n dod o'i photel ambell awr –
Nid lliw ei gwallt oedd lliw ei gwallt
Ond lliw ei "hangerdd", os ych chi'n dallt.
Rhyw haenen liw oedd lliw ei chorun
A'r honiad dros ei hwyneb; ploryn
Oedd gwên, a chlên oedd gwae. Fe gaed
Hen arfer ganddi o ddrachtio gwaed.
Ysai, ynghyd â chreision ŷd
I frecwast, wŷr. Yn fampir byd,
Yn Sffincs a aeth i'r gwellt, roedd hi,
*La Belle Dame Sans Merci*'n
Fethedig wrach neu'n Lilith wyw,
Fe dynnai'i delw welw o Ryw.
Delwedd ymlaen yn ddelwedd tu ôl,
Am nad oedd byw ond chwarae rôl.

Cyn dod yn grwth bu crwth yn bren
Yn canu deilios tua'r nen;
Ac felly hon, yn ôl pob sôn
Unwaith, fe fu hi'n ferch o Fôn.
Delwedd yw nawr, a dyna i gyd,
Delwedd ar glawr a heb ddim byd

Arall i'w ddarllen . . . Dyw hynny ddim
Yn gwbwl drŷst oblegid draw
Yng Nghwyntri crwt a losgodd ei drwyn
A hi'n Gymraes hiraethus. Llwyn
Na llech nid oedd heb iddi gael
Ei gynnau ef. Ei hanrheg hael
Oedd Rhyw. A heb ond "Rhyw" fe fu
Pob "Rhyw" yn drais. Ni châi ef fyw
I ddim byd arall yn ei bryd,
Oblegid delwedd a'i daliai hi i gyd . . .

A'i delwedd – haen o hunan; mân
Ei meddwl fel rhai ar frys drwy gân
Gan dybied mai ei ddarllen 'wnân
Heb drwch dan drwch, heb ystyr 'lan
Nac ystyr 'lawr. Ond na, un rhan
O'r perthyn dwys a geir gan dai
Fel sydd mewn dinas lle bydd rhai
Yn preswylio yn eu seler glyd
Heb drig ond ar un llawr o hyd
Fel y mynnai hon. Mi wn y myn
Rhai eraill 'wŷr eu cerdd roi tro
Yn amrywiaeth tal ar ben y to
A gwylio'r byd amryliw hyd
Orwelion yn gyfeillach ddrud.
Nid felly hon. Ni wyddai hi
Ddringo i ymostwng. Ni cheid si
Am ymddiriedaeth, na siw na miw
Am ymuniaethu: dim ond "Rhyw"
Heb ddim ymlyniad. Heb y grât
Cymwys ni cheid ond tân ar blât,
Tân siafins oedd heb ddwyster co'.
Ni wyddai'i brig am wreiddiau bro
Amryfal a balch amlochredd bun:
(Dim ond y rhai caradwy sy'n
"Garedig". Gair bach hael yw hwn
Sy'n rhoddi-wedi-colli'n-grwn.)

Ond am i'w bwrlwm ferwi'n sych
Mynnai hi actio, er nad yn wych;
Chwifiai'i hesgyll a gyll yng ngwe
Ei ffansi heb fudo fodfedd o'u lle.
Darfod yn gyffelyb iddi a wna
Rhai adar eraill . . .
        Efallai'n bla.

# RHANNU GALAR

Wrth gwrdd â chyfaill trwm
  ceir claddu
  braw ynghyd
mewn cawod. Gyda'n gilydd
iaith wlyb a'n dwg i wlad
a'n rhwymo gan un rhaff
o lawer ffurf a phrawf
a ymleda amdanom. Gwae cyffredin
  a'n ceidw'n nawf
am na fyn glaw i'r tir grebachu'n
  hir mewn nych
heb estyn dros ei lif o sychder sillau'n gwch.

A'r rhwymyn hwn am glwyf
  sy'n cludo
  beth o'r ffordd
yr ofn sy'n gwaedu'r dwfn a'r criw
  drwy'r storom werdd.
Tirion yw'r glaw i'r tir wrth ledu'i
  dafod cytûn.
Mi wŷr y galon frau drwy'r dafnau mân gael llyw.
A phan ddaw glaw i'r fro'n
gydymaith galar gwyrdd,
mae honno'n toddi'n âr, a siario'u
  siarad hardd.

Mae'r glaw a dry yn wyrdd
  yn gwybod
  beth i'w wneud.
Esblyga ambell lais
dan guddliw ger y coed
ar draws y llawr yn llac.
Torsytha'n emrallt tirf
lleferydd dan ei wadn, a throsto
  enilla berf

flagur o'r anial wast ar hyd a lled y llawr
   pob sain
i eni'r geni'i hun nes egino'r clai yn ddewr,

a thafodi'n ddeilen werdd
   o olewydden serch
   ym mhig y galar iaith
drwy daflod cymylau'n arch,
o'r newydd a saetha o geg
   bwa dros estron dir.
A'r tlawd yn wir drwy'r glaw a wybydd seithliw'u bro
   gan ganwyllbrennau yng nghôl
deilen mewn genau ffraeth. A'r tafod enfys hwn
   a lefair nawr wrth ddôl
o ddylif. Lliw yw'r briw gan gwmni yn sgil eu sgwrs.

# CACYNEN

I sisial sen yn erbyn popeth
y cylcha hi'r waliau. Llusga ager sarff

    o'r awyr swrth. Mae wrth ei bodd yn lladd
    awyrgylch. Disgyn injin ei godidowgrwydd

fel dyfyniad o boer neidr o dan lenni.
Hi yw crafanc y ffenest, ffenest, ffenest.

    Yn brif lodes dywyll y pryfed, yn ei mwclis
    ambr yr heua anfoes ar oleuni.

Does dim un man i deigres fynd fan hyn ond i mewn
â si ei danadl. Dyna hi'n gaeedig

    chwil yma wrth chwilio acw: heb ond
    chwant, meddw yw ei methu maith.

Dim mêl, dim dwli, dim ond
ffiws yw yn tanio ymysg sosbenni

    ar hyd gwifren teleffon haul
    gwydr, yn daflegryn o sgrech rew

drwy dwnnel tranc, â'i llygaid
yn saethu chwarel pob dwrn o ffenest, ffenest.

    Wrth rowndio'r gegin â'i larwm galarus,
    fôr-leidr y gwenyn, metel-tawdd,

all hi byth ddweud mor anhapus yw hi.
Paentia'r nenfwd â'i braw. Un, dwy, tair,

    pedair wal. Baban wedi cydio mewn nodyn
    ac yn hwylio lefain adref.

Ynghau o fewn hud ei ehedeg ei hun,
mileinig yw am oleuni. Ac amheua,

    bwria'i hamheuaeth ar wydr. Fel llu
    melltithia'r gwynder na all ei gyrraedd.

Ffwrn yw'i chot gen ar ganol haf.
Yn ei llwnc undonog dân, try'n

    bentewyn mewnblyg mewn mwstard
    mwys. Mae'i bwled yn bythol refio

ar donfedd gaethwag . . . Diflanna
wrth lanio, yn goelcerth dalfyredig,

    yn y distaw paid; ni fodola yn yr aros,
    ac yn anghred yr aeth wedi soddi mewn saeth.

Paid. Ble mae? Ust! Acw erys eco'i rheg
yn ddidrugaredd ddwys ar bwys y switsh.

    Ai ceisio diffodd byd y mae? . . . Ie, yn ei hoen cyfyd.
    Dacw'i ffroen yn llofruddio gwagle drachefn . . .

# CYNULLIAD O DDAROGANAU MYRDDIN

## I

### DWEUD NA WRTH DDWEUD IE

*(Dathlu'r Modd yr Enillodd Caerdydd y Cynulliad)*

*Y Parti*

Rholiodd y Brifddinas
â'i detholion at y Ffynnon.
Deffro a wnâi i ddathlu bod yno'n bont.

Ni sylwasai ynghynt
beth oedd ganddi yn y gorllewin:
roedd hen babell fel Llanelli'n bell er bod plas
   Llundain ar bwys.

Nid trampen moni chwaith
am dro wedi dod i ddrachtio o gwter,
ond ladi ddiwylliedig yr eithin. "Yfwch i'r ddinas,"

Myntai'r Ffynnon,
"I'r Necropolis! Dim ond un diferyn arall?"
Ac ymgreiniai'r Brifddinas i gornel yr ystafell,

"Allwn-ni ddim llai
ar noson fawr. Dyma fi wedi ennill
Rhamant. *Hic* – cofia, myfi sy'n gyrru nawr –

*Jacet* am hen Guinness
ir o Éire. Tew dy het wen,
tynnaf dy frig drosof drachefn." Hic. Ceisiai sipian

Yn sobr. Wrth groesi'r
ystafell drwy'i llygaid tân-gwyllt
yr oedd yna ddwy Gymru o'i blaen, a hithau heb ganfod

Yr un. Eithr syber
oedd-hi yno, a bron yn gytbwys,
wrth faglu tua'r cownter hic â'i chalon yn chwiloer.

"Yfwn i chi'ch dwy,"
meddai'r Brif gan ymdreiglo'n farus
ar ei hyd. Os nad enillodd ryddid, enillodd wên.

## Darogan 2

### Cogio Dweud Ie

"Na!"
Fe all unrhyw ffŵl
ei ladd ei hun. Ond gwlad!
dyma loddest, dyma inni griw a gred
yn y peth. Nid pawb sy'n credu dim y dyddiau hyn.

Marw
am y filfed waith
fel pe baen ni'n licio'r busnes
fel pe bai gyda ni obsesiwn ynghylch
holi ymhellach y twll dall mwll dro a thrachefn.

Byddai
bonheddwr wedi
gwneud y jòb yn glau.
Dagr drwy'r dagrau, tro, a dyna hi.
Ond roedd gynnon ni flas ar sgeptigrwydd hyd yn oed
    am drengi.

Y tu blaen,
gwenu clên
y fendith o beidio â bodoli.
Y tu ôl, ein buddugoliaeth olaf heno
yn warant i wlad na ŵyr sut mae bod ar gael.

Llyfwn
ddau din yn dyner.
I hynny y'n ganwyd.
Cysgwn ar bwys y mwydon sillafog
unffurf ynddynt. A thrown nhw'n ddimffurf er mwyn
    tangnefedd na.

A dyma ni
wedi'i gwneud hi.
A oes unrhyw libart arall wedi
llwyddo i gipio – o groenen – y rhithyn
mwyaf twyllodrus o ryddid â llai o fwyafrif?

Ymdeithiwn
rhagom â'n holl
faneri (y ddwy) yn chwyrlïo'n llipa
ar gefn llai nag un y cant. Rhyddid yw'r llais
lle y gosodwyd tôn y diddim sy ar ôl wedi tynnu diddim:

Mae hen wlad fy nhadau
yn anwel i mi . . .

*Darogan 3*

*Arwyddair y Gweithwyr Gwladol: Deuparth Gwaith yw'r Coffi*

Gorwedd ar eu cefnau fel geist i'w goglais
fu eu cwirc. Bodlonent ar beidio â chyfarth,
dim ond pan ofynnid iddynt. Gallech blicio'u
clustiau i ffwrdd: chwarddent.
Gallech ddifodi'u tafodau: agorent eu gyddfau
ichwi gerdded drwyddynt. Ac yn y diwedd nid oedd yna ddim.
Ond wedi'r dim, y wên.
A! Gwên enwog y rhai na byddant ddim eisiau'i gwybod.

Dathlwn gachgwn Cymru. (Hwy pan oedd
yr arwyr eryraidd wedi cilio i ffidlan y llyfrau
ym manciau Llundain, yn y canrifoedd
pan gofleidiai'n meddyliau gorau anwybodaeth, hwynt-hwy

a udai ein hunaniaeth ar eu cefnau. Hwy a gadwai
ein harwahanrwydd rhag y rhai a fynnai
ein hunffurfio. O'u herwydd hwy, rŷm ni'n
ots. Eu llwfrdra llyfrdrwm a'n diffiniai ni
er nad oeddent ddim eisiau bodoli.)

Codwn adfail cofadail iddynt o flaen y Cynulliad.
(Gwenu oedd eu *forte*: taflwyd eu hymennydd
i'r bùn baw. Cyflwynent eu heulwen
i'r ymwelwyr: agorent eu cydwybodau: tyllau
oeddent uwch tail: cylched y mwydon o gylch
eu stumogau fel geiriau: mynnent yn gwrtais beidio.
Oblegid dyna a'u creai'n atrefnwyr ar weinyddiaeth.)

A beth a wnawn ni, ni, y cachgwn, a garai fod hefyd
yn gorgwn? O! rhown ein crwyn i'r hetiau
Cymreig yn Llanofer, a llunio enwau ofer
fel Llanfairpwllrywbeth, a gorsedd i'r beirdd,
a'r gweithredoedd dewr ar furiau Castell y Gwrych,
ac os nad oes bedd gan Gelert – dim problem.
Codwn ein coesau ar realiti. Ac A! wên daer "Dubitare".

*Darogan 4*

*Portread o Wraig a Ddwedodd Na ac a Olygodd Na*
*Medi 18, 1997*

   Daw'n rhwydd i'r gwledydd rhydd
   ffieiddio hon yn faw. Ond faint
wyddan nhw am y glanhau ethnig hamddenol,
y canrifoedd o unffurfio araf,
               nid am ryw sbloet
sblennydd, ond am y cwrcydu clyd a maith?

   Gwawdied a wawdio, fy ffrindiau
   o'r India a Rwanda. Ond
nid gwawd sy'n weddus i ogof ei genau hen.
Gwên yw fy chwaer, ac aeres
               i ambell ildiad doeth,
a dywedai'i Na y Na a ddwedai mai hi oedd hi.

Crynodd y porfeydd. "Ond gwlad
yn gwrthod ei rheoli'i hun!"
Clywch (chwiorydd llafar mewn gwledydd cryf ond cras),
syllwch ar hon ar ei chwrcwd
              mewn ogof, yn ddu ei bron
ac wedi'i thorri. Fyn hon ddim codi rhag cryndod.

    Aeth hi i'r mynydd tywyll.
    Ganrifoedd yn ôl ar ôl y pibydd
dawnsiodd hi yn sgil ei draed annedwydd i'r clogwyn claf.
Ac arswyd pridd di-iaith oedd
              gwybodaeth hwnnw,
canys erthyl a ddôi o'i hogof yn ei blynyddoedd gwyll.

    Ac wedyn, pan fethai trydan y mynydd,
    y gwyll ei hun oedd y gannwyll
i'w hysgyfaint. Dagrau'r ogof a'i stalactidau
oedd ei phelydrau. Crynodd hon am
              fod lle i erthylu
ohoni . . . yn ogystal â lle i chwydu'i gwareiddiad ffiaidd i ffwrdd.

    Cysur magu-hwylio'r erthyl fydd ei heddiw mwy.
    Cofleidia'i hamheuon rhag moeth trio trywydd môr.
Dymuna ffarwelio â phobl y tir heb ymadael; ac â'r
trai ar hyd ei hasennau –
              bwi, cychod mân,
wele nawr yr harbwr. Am hynny, wnaiff-hi ddim

    o'r tro iddynt alaru ar ei hôl o ddifri.
    Oherwydd wrth las porfa Ebrill
a glas yr wybren lawn ym Medi, na:
wrth oleuadau mân o orwel
              yn ogystal â'r
cysgod goludog ddwfn, wrth y cnawd noeth yn ochr

    cnawd noeth y gobeithion, na;
    na wrth aderyn, na wrth chwynnyn pert, na:
wrth fôr dyfodol heblaw'r gorffennol caea'r llygaid

ac ebycha'n hunan-gysurlon dyner – na. Peidier â
        thybied
mai'n rhwydd y ffarwelia â phopeth wrth beidio â hwylio.

   Wrth i'r sillaf beidio â siwrneio
    o lwnc ogof y glannau hyn, "nid heno cariad"
fydd yn meddiannnu'r llyw sy'n lliwio'r distrych
ar draws y distryw. Ar fwrdd y llong mae'r criw'n
        pyncio'r
sianti "Na." Nid drwy atrefnu taith y nawf calon dros y cefnfor.

*Darogan 5*

*Math o Le*

Y ddinas hon na ŵyr ym mhle y mae,
na ŵyr ymhle y bu, a fyn fan arall,
hon sydd yn ben ar yr hyn na ŵyr beth yw,
sy'n arwain rhywbeth i rywle pell efallai.
Pa beth yw hon? Trefedigaeth y boddwyd ei llygaid
glas gan yr edrych dieithr. Gwyddom amdani.
Mowldiwyd ei gwên yn glên gan eraill rhad.
Dynwarediad yw ei rheidrwydd ymostwng hi.
Mi dderbynia'r cydymffurfio'n gaws ar dost.
Hon ar ein blaen a'i baneri'n blu a ddathlwn.
Hon a adwaenom gystal ond nad edwyn ddim
ohonom ni, onid hon a fedd y gamp o golli
popeth er mwyn adennill pennill bri,
efallai yfory ennill ychydig frain?

Tithau Gaerdydd, drwy niwl dy feddwdod dathlu,
ni chei di wybod pwy wyt nes i ti
beidio â bod yn unman yn chwilio am unman
ar dy liniau debyg iawn heb gyffesu ar ffurf
perthyn. A pha beth 'gyffesi? Gwranda f'anwylyd . . .
Buost ers tro ar dy fol yn ymgreinio'n llon
mewn puteindai crand. Er iti gladdu dy gofnod
o'r golwg mewn isymwybod, yn y pwll,
yno y buost. Tyn hyn i'r wybren. Gwena
ar yr holl gwsmeriaid newydd wedi picio heibio am hwyl.

Ac na chuddier y plygu. Yr ymdrybaeddu wyt
mewn israddoldeb bod. Hyn yw'r gwahaniaeth.
Gwasanaeth. Yfwn. Gawn feddwi bellach ar dosturi.
A dichon . . . na, dichon – baragón prifddinasoedd –
yn dy frwysgni erthyl y dysgi'r wyrth o berthyn.

*Darogan 6*

*Math o Fod*

Negyddu a'th wnaeth.
              Gwadu Dy fod oedd bod.
Murmurodd y ffin: "A! israddoldeb pêr,"
fel pe bai'n "fydded"; ac wele, dyma ni.
Ar wahân i'r brad nid wyt. I'r gorllewin,
y môr oedd dy ddychymyg ffin. Tydi
a'i dododd yno. Doedd gynnot ti ddim trwch
ar wahân i gwch y freuddwyd fod gynnot-ti fôr;
ac yn y dwyrain suddai'r negydd hwnnw
rhag bryniau uchel megis tonnau chwâl.

Cymru yw'r math o le
              lle mae'n rhaid esbonio
i blantos deng mlwydd oed beth yw awyr las.
Mae'n rhaid dehongli hewl o bethau eraill
megis troi cymalau'r gwddf, dro, rhag y dwyrain.
Ac fel y mynnai'r iaith ddychmygu gwên
nes iddi aredig lliw ar rwydi llên,
felly dy israddoldeb a ddychmygai
genedl. Allan o'r hyn a roddwyd ganddi
rhoddaist. Yr anochel 'ddyfeisiai ramadeg llysnafedd
dy uwchdir a'th lymdir: drosot, odanat, drwot
teithiaist mewn car llusg tua chyfrinach ymostwng.

O fewn daeareg
              fwynau a thirwedd brin
porfeydd nad oeddent yno, crwydrai mwydon
ynghyd â defaid blêr. Diferent lif o awdlau, pietistiaeth
  a "Myfanwy".

Hynny a brofai nad oeddent hwy ar gael,
diolch i'r drefn. Nid oedd ond Cymanfa Ganu
i ddiferu toddion moch. Ni chaed radicaliaeth
flinedig, na dig na de na chwith ychwaith
gan lwch. Felly drwy ffug y cest ti wlad
yn nirgelwch diogelu'i ffurf o fewn taeogrwydd.
Ac yn yr ildio hapus dest o hyd
i ddiffiniad. Fe'th ddidolodd rhag unigedd byd.

*Gwranda ŵr doeth,*
              *os dwedi di mai is-*
*raddoldeb ynghylch hunaniaeth ydyw'r hyn*
*i raddau sy'n diffinio craidd eu gwlad,*
*yna, onid rhan o'r cyfraniad glew a roddodd*
*y ddinas hon i'th ryddid oedd yngan "na"?*
*Y ddinas hon na ŵyr ymhle y mae*
*oherwydd meddwdod pêr y dathlu hir:*
*chwilia di'r byd benbaladr ymhlith y mil*
*a mwy o wledydd newydd a'u rheola'u hunain,*
*a gei di unman un i gystadlu â hon,*
*na'r un sydd bron yr un mor ostyngedig?*

Darogan 7

*Owain yn Marchogaeth Eto*
*(Galwad ar blant Cymru i ddod gyda mi i glwyd Plas Crug*
*i weld trên bach Pontarfynach yn pasio)*

Dacw ef yn dod – "Owain Glyndŵr"
a'r haul yn hael ar ei ddwyfron.
Rhed y plant at y clwydi â'u gwaedd
am ryddid yn adleisio chwiban
ei ffroen, sy'n chwythu bygythion.

Dacw ei fetel – clod Glyndŵr
ar y cledrau dur drwy'r gorllewin,
lle y bu'n arwain gwŷr arfog gynt
i Bumlumon i frwydro yn erbyn
eu puteindra, dan y poeri penwyn.

Pwff pwff pwff yw ei urddas bol,
ticiti-toc ei olwynion
i fyny'r cwm, a'i arfbais yn dal
pelydrau'r dwyrain fel eingion
yn tasgu ing tywysogion.

Balch yw'r trên bach, a'i wallt o allt
i allt yn mygu'n gryglais.
Gwasgara'r sgwarnogod o dan ei draed
wrth i'r gyrrwr dof rofio i'r ffwrnais
benderfyniadau modern llednais.

Dacw'i sglein – tan gludo fflyd
o blantos o'r tu hwnt i Offa, –
fel hen farch a fu'n gweithio gynt
ond heddiw a drowyd i rodfa
'r môr er ymwelwyr dicra.

Owain y trwst – fe ddest yn d'ôl
i ffrystian tan guddliw injin
ymhlith y fyddin o elynion mwyn.
Pwy na'th gyfarcha? A'th ru fel cwrcyn
a'th daran heb fellt, ein cyd-ddyn!

Glew yw Glen-da yng nghledrau'i fedd
yn tynnu cerbydau o'r Aber.
Llawn fo dy wên, ddiddanwr llosg,
y tywysog ufudd i ager
a'th chwiban yn dwrdian ein dewrder.

*Darogan 8*

*Hardd yw Caru Hen*

Ac eto ymserchu. Pwy yw'r "adolesent"
gwallgof ar ben pedwar ugain
o fynyddoedd? A phwy yw'r
"llances" uchel hithau wedi hel
had ambell fis? Hardd yw caru'r hyn sy'n hen,

a thawel. Ond rywsut tawel yw'r rhain
ar ymyl y chwarel, am ei fod ef
wrth orffwys ei gorun moelwyn
ar fynwes hynafol y wlad yn clywed eu cyn
ddisgwyliadau toc ar arffed eu craig
dan ddibyn ei bron yn tician . . . tician . . .

a ffrwydro!

Sut y goroesodd y "llanc" hen yn y corwynt
cerrig dan danchwa'r galon a drodd
yn gwymp llwch, yn dỳmp i wên
yng ngwên, tan falu'u cyrff dros
ei gilydd? Gwinllannoedd a ddiwreiddiwyd
wedi'r tician hir: goryfant heno'r canrifoedd
uchel, ymrafaelant – fel haul –
â'r nos gariadus, er mwyn gwybod
sut – â llechi'r corwynt o gyrff –
y darfu iddynt ar sgiw wiff gael gorchudd
o fath galibr braidd yn llychlyd gan fron
yn gynhesrwydd drostynt yn eu gwâl wedi'r ffrwydrad. Hyn,
y tagu garu hyn, a'ch claddodd ein gwerin, dan y gweryd gwyn.

*Darogan 9*

*Ofn Bod yn Wlad*

Ar gil rhag ei thrigolion, anogodd
ei hunigedd fi i fynydd Hyddgen.
Ymlusgwn yno'n union i gynanu
(Oes rhywun gartref?) yn isel yn y glaswellt un gair yn unig –
Gymru.

Ni choeliai'r glaswellt hyn.
A dyfalai – pe ceid dig o hyd, hyd yn oed gan
ddyrnaid o gerrig cae, – a fedrai seiliau'r waliau
wylo o'r galon? Roedd sylfaen fy sillafau innau'n
siffrwd yn bren ar fynydd Hyddgen, ac ysgryd yr awel
yn fusgrell ei heco yn llenwi ogof fy llwnc . . . ru! ru!

Eto, f'angen fu yngan, cyn cael ateb,
a chlywn – er mor fyngus –
y gair ansathredig hwn o gyfeiriad y mwydon
yn adleisio fel awel drwy'r borfa fud
sawl gwaith . . . Oes rhywun gartref? . . .
Y gair hwn a'm golchodd.

*Darogan 10*
    *Afallen bêr, sy'n hirymaros,*
    *a ellir ennill golau diddos*
    *drwy ymlusgo rhag Necropolis Caer-nos?*

*Ai Digon?*

Nid digon yw fframwaith gwlad
I gadw cymeriad mwy.
Y rhaid fydd caru digon.

Nid digon i seler yw sail,
Nid digon esgyn mewn·had
Oni allwn ni garu digon.

Fydd dim ailesgor ar fro
Drwy iaith a gwyntoedd llon
Heb i'r ddeuddyn garu digon.

Mae'r groth nawr yn ei lle
Ynghyd â'r genynnau cawr.
Ond ble mae'r caru mawr?

Bu'r dadwneud gwlad yn faith
Drwy'r dadwneud iaith a dwylo.
Dadluniwyd esgyrn cariad.

Fydd yr "is" nawr inni'n risiau?
Nid iach ymostwng gan wlad
Heb dafod a gura o gariad.

Wedi hir ddiogi gwyryfdod
A all caru esgor ar ddigon? . . .
A fedr y ddau gâr garu'n un?
Fedr yr un dau garu gormod.


## II

### DWEUD IE WRTH DDWEUD NA

*(Ymdaith Hen Fwgan o flaen y Cynulliad)*


*Darogan 11*
> *Oian borchellan, Myrddin a dreiglai*
> *yn wallgof mewn coed. I Gelyddon ffôi*
> *heb Wenddydd ei ymddiddan, o Gaerdydd y geiriau.*


*Taith y Gair*

Dacw'r gair
   yn ei gadair
olwynion. Ond mae
   ganddo fotymau
crwn fel y gallo
   eu gwasgu pan fo arno
eisiau rhegi neu ofyn
   am gael mynd
i'r toiled. Rheitiach
   iddo mwyach
ddechrau arfer bysedd
   ei draed. Os bydd
y rheina wedi'u
   parlysu, gall wedyn
arwyddo'i werthoedd ychydig
   neu'i ddiffyg
gwerthoedd â'i amrant.
   A'r amrannau hyn
sy'n holi'r Gymraes fach,
   a gymeri di fi

yn ŵr priod iti?
Ond mae'n ei ofyn drwy amryfusedd
ag amrant y toiled.
A'i hateb yw Os.

*Darogan 12*

*Tocyn ar Blocyn*

Daeth hi'n bryd
dienyddio'r tafod.
"Estynna ef ar y plocyn,"
meddai'r gwynt wrth syrthio ar ei wep
tan ubain i'r pridd. A thawel o fewn
tawel yw'r lle yr efryda isel-leoedd wrth ymestyn ar bren.

Cyfyd y tafod wallt
ei oriau am fod arswyd
yn wynias ar ei dalcen. Bu'r chwyth hwn yn clebran
yn rhy blaen ynghanol ei wlith.
Rhed ei ddiwedd ei hun ato nawr wedi'i
ddychrynu, a'i lais fel arch,

am i'w berchen
fodloni ar atrefnu'r gweinyddu.
"Bant â'i ben." (Mae'n ei estyn fel cof ac fe godir y fwyell.)
Twria diddymdra dano,
yn dawel tua'r diwedd. Dyma'r ateb syml
i'r ymholiadau i gyd. Diffoddir y môr benbaladr.

Ym mhob llwnc
parlysedig bydd pob gair bellach
mor ddistaw ddiystyr fel pe na bai
yno. Dim ond y meddyliau a erys i lefain.
Ac eto, cyfyd y tafod disymud ei sgrechiadau mud
fel pe gwrandawai enaid ar y rheina am yr eiliad olaf:
'Bant â'i ben.'

*Darogan 13*

*O'r Tafod i'r Ymennydd*

Ger afonydd iâ Babylon buasai'n geiriau'n conan
rhag inni anghofio'u llafariaid. A rhag y gallai'r dagrau
droi'n gytseiniaid yn ein llygaid oer, practisient gynhesu

afon iâ ein bodolaeth ein hun o dan
flew amrannau. Ond afon wenithfaen fydd hon lle na naid
brithyllod dros y canrifoedd o rodio

mewn dyffrynnoedd cau. Felly, nid lafa
tawdd yn tasgu fydd y sillafau hyn a fydd yn
ymwthio i'r dwfn anwel-a-diblymio'u diffyg sŵn o'r

nen. Wedi'r colli tafod, nid chwaith y llwch ar ei liniau,
manion fflwcs o lwch a nawf fel tylwyth
teg duon dros lygaid y dydd yn y gwellt i gael eu boddi.

Ond meddyliau maen mud. A chilio a wnânt hwy i waelod
yr afon ddisymud lle y trônt yn alarnadau o os.
Pan ddaw'r penwythnos erys arnom flys nofio

ymlaen ynddynt (os gallwn) yn ddunos cusanau, neu suddo,
braidd yn galed, i'n dyfodol . . . Ond ofnaf, ar y lan gyferbyn,
mai egwyddorion rhew sy'n disgwyl croesawu'n pibonwy.

*Darogan 14*

*Wedi'r meddwl, y drewdod yn dal i ymladd dros yr iaith*

Heb hunan-dwyll na chloddio mwy am gysur,
Ni cheisiaf finnau ond y gorchwyl hwn:
Yn lle parablu rhoddaf ddyfal bara
Yn ddistaw feddw gorlac dan ei phwn.

Ni ches, er gweld ond drysi drwy'r dyfodol,
Namyn ymennydd crin a wyddai angen yn bod.
Heb funud yn ddi-chwys, mynnai'r bwgan frwydro
Erddi a chanu'i cherddi a chludo'i chlod.

Yn y gwaddodion ymennydd hyn mi ddodwyd coedydd.
Costrelwn-i ffynnon a gwarchodwn fôr.
Chwifiwn y Bere a photensial cân Llangeitho
Yn donc hyd orig ola'r daith i'r Iôr.

Tynnaf hi ymlaen drwy fynwent ac amlosgfa
Rhag clymu'i chorff mewn ceudod. Ni chaiff nawdd
Mewn cwsg cyfforddus nac mewn malurio taclus
Ac nid yw angof ystyrlon yn gwbl hawdd.

Ac ni chaiff awr ddod arnaf tra bo synnwyr
A pheth cyhyren ar ôl i'w llusgo hi
A gwrthod drosti gyfaddawd ymddiflaniad
Cyfleus i'r rhai sy heb ein nabod ni.

Ond llw fydd fy marwnad i rith y wrach blorynnog
Y caiff cnawd ddrewi er nad yw'r meddwl ar gael,
Ac na ddiferaf eiliad o ddifaru
Tra bo gennyf nerf ar ôl mewn gewynnau gwael.

Gofynni pam y meiddiwn fynnu heddiw
Amdani, "Na orffwyso'i meddwl hi mewn hedd.
Gad iddi ddrycsawru byth o'i sgerbydwaith cryno
Arnynt ei sen am a fynno'i gyrru i'w bedd."

Oherwydd heb fyfyr iaith ni bydd ond arogleuo
Psyche rhag yngan braw, rhag bedd i barch:
Eisoes, bu cwffio mân i ddileu'r ymennydd . . .
Ond caiff yr ymladd bara yn yr arch.

Heddwch i lwch ymennydd. Ond led fy lludw
Yn sgil ei weddill, caiff yr ymddatod gad;
Na orweddwyf i mewn hedd er pydru'n fadredd
Os medraf ddrewi o 'ngho' er iaith fy ngwlad.

## Darogan 15

### Dim Rhagor

Rwyt ti am fodloni'n awr, – dim rhagor.
Dim rhagor o regi. Dim.
Dim chwaneg o'r gwirioni â geiriau. Na.
Fe'th yrrir di'n ôl
oddi wrth y diddanwch at y
Diddanydd. I freichiau'r Ffurf
sy'n pennu pob ffurf unigol
ym mhob iaith, ei yn d'ôl
i'w choleddu a'i magu a'i hanwylo
mewn breichiau trylwyr a dreuliwyd.
Fe'th ysigwyd yn waglaw. Yn y breichiau hyn
fe'th ysigir drwy'r gwlithlaw gwych.

Dim rhagor o ymdrech, dim rhagor
o genhadu nac o ubain.
Cadw hi'r iaith o'r golwg
nawr yng ngheuffos dy ysbryd.
Mewn cornel ar lawr cei ymgrynhoi
i ochain haleliwia am na rifi
byth mwyach ddiffyg difrifwch.
Dim chwaneg o ddyn ychwaith
ond cyn belled ag y gweli
Ei wyneb Ef yn ei wyneb ef.

A dim rhagor o hyder wrth gwrs.
Fodfedd wrth fodfedd fud
y dysgi'r mawl gwaelod.
A gad i'r ysbryd ddisgwyl
yno'r ymosodiad olaf un.
Yn y gwehilion chwys rhoddir
mewn dwylo gweigion coch, megis ar gornel
Alzheimers, – eiliad gwyn o os-
tyngeiddrwydd, a hyd yn oed, os
rhoddi di'r cwbl, – ryw ddawn meddiannu modfedd.

*Darogan 16*

*y lili dawelaf yn dal ati*

mae yna rai geiriau
nad oes neb yn gwrando arnyn nhw
am eu bod heb na bom na phres

does ganddyn nhw i'w cynnig
ond ffon bugail ffon athro a ffon dewin
a liliod ar lyn yr enaid

a'r dawelaf o'r rhain (sy'n siffrwd
fel aroglau cnau ar eithin eithr yn
well na'r gwreiddiol) yw os

ni wna honno ond taflu'i distawrwydd
ar draws y dyffryn yn unswydd
er mwyn cael ei glywed . . . yn dychwelyd

# WNAIFF HI FWRW HUN DDA?

*(nid am fy ngwraig Anne nac am fy meistres Ann Hunedd)*

Beth ga-i'i wneud â'i hamharodrwydd i ddod?
Casgla-i fy oriau o'm gwirfodd a'u codi gan bwyll
yn fy nwylo tuag ati o dan fy llygaid erfyniol.
Ond dod nis gwna, er nad yw fy nghais yn drwm:
dim ond dadmer, dim ond gollwng y ddaear hon
yn gron a'i neilltuo i haenen yn yr awyr uchod

ar goll. Beth ga-i'i ddweud? Wna-i rywbeth i adael y gad.
Dwi'n addo cariad. Dwi'n addo nad anwesa-i ddim
ond yn dirion ysgafn os daw. Caiff suddo i'm breichiau
a chylchu yn fy nghôl heb imi'i phoeni. Caiff
ymestyn yn ddiymadferth mewn anymwybod loddest.
Mae arna-i orffwylledd wal am ei dal yn dynn.

Bob amser bydda-i'n barod i dderbyn ei hamodau
ond iddi ddod. Caiff luchio'i hunllefau arnaf.
Caiff stablan drosof, ond imi ddeffro'r bore
a symud fy nhraed nes eu plethu yn ei thraed hi
a'm penbleth yn dreth o fewn troadau'i chalon.
Caiff fy nghwbl wasgu i'w phridd di-lun ond iddi

ddod i'm pridd di-lun. Fel gwlith yn ymffurfio'n
ddiwybod ar we pry cop fy ysbryd, caiff hi
grwydro ar hyd isfyd du dyffrynnoedd dwfn.
Fe'i gwelais gynt. Dwi'n pledio am un cip drachefn.
Plymia-i o dan ddyfroedd baw i uniaethu â'i geuddrych
dwyll. Drwy'r rhwyll y suddwn heb gael fy nal,

drwy'i myth, drwy'r jarffio a geir amdani gan eraill.
Ai fi a fu'n ei hosgoi? Tybed ai fi a ddihangai nawr?
Ac yna'n gysgod tu ôl i'r penrhyn cêl dwi'n coelio
'mod i'n cael rhyw gipolwg, ar drum go niwlog, arni'n
pererindota'n daer i'm cyfeiriad o'r nos ei hun
at fy ngorwel plwm. Baglu'n bell. Cyrraedd gorwel arall.

Gorwedd y tu hwn i'r gorwel. A gorwel fy ngorwedd drachefn.
Mae hi'n ystyfnigo . . . Ymostwng (dyna'r gyfrinach – A!)
a llwyr gydymdeimlo. Dim ond drwy'i methiant o hun
y bydda-i'n fy neall fy hun, – O! hun rhwng bysedd llwch
o'r diwedd yn rhidyllu, oblegid yn dy gyndynrwydd trist
rhag dod y deua-i wep yn wep â'm methdaliad fy hun.

O'r diwedd y clywa-i fân foeswers gan hon fel sy'n fynych
gan wragedd ir a wrthodir neu sy'n ein gwrthod ni.
"Dim ond drwy grymu tua'n gilydd, a dolen y naill
yn addoliad i ffolineb y llall y cawn nabod ein gilydd."
Ac felly y casgla-i'r ddawn o ollwng i'r aer yr ymwybod
am mai dim ond drwy 'ngholli fy hun yr enilla-i fy hun.

# CATH

Dwy seren ddieithr
        uwchben y wal a'm halai
i synfyfyrio'n
        brudd ffurfioldeb braw
yr holl ffurfafen
        hon. Mi wn yn union
– er nad ar nos
        mor loyw o ddileuad
â'r noson hon
        – am iâ o fewn fy ngiau
oblegid oedi
        o flaen dau edrych dur
sy'n difa troell
        pellterau'n bigau blew
gan f'argyhoeddi
        o'm maint. Ys gwn i a ddaw,
ar draws gorwelion
        creulon yr afrifed,
ryw fiwsig
        ganddyn nhw heno? Dwy seren fas
y gofodau na
        all meddwl byth eu harogli:
a fi mewn clai
        am lai nag eiliad cloff
craffaf, yn unig,
        am orig ar eu cryndod
aruthr hoeliedig
        yn hers y cread hwn.

Ond tybed ai nes
        yw'r sêr nag y myn fy arswyd?
Ynte ai eu hias
        sy yno'n eu rhithio'n nes?
Dau chwilolau
        ŷn-nhw'n erlid pethau'r llawr
nes y llecha

                    du fy nghalon rhag eu lle uwch wal.
Taer ydyw'r taw
                    a ddena her eu pellterau
i'm crebachu'n fach.
        Ond iechyd hefyd i'r sêr
fuasai gwybod yr hyn –
                    a wn i'n llawn 'lawr yma –
na fedraf eu
                    canfod o hyd. Dwy a fu'n blanedau
ganwaith mor fawr
                    â hyn o fyd, mor fân
ydyn-nhw acw
                    er na ellir eu gweld fel arfer;
ac ar wahân,
                    mor ar-wahân â fi,
a hen, mor araf
                    hen â gollwng nos
yn nhrefn ddiderfyn
                    hyn o affwys arswyd.
Aethan-nhw'n awr
                    i chwilio am fwy erchyllterau
na ellir â llygaid cig
                    eu corlannu ar lawr.
Ond mor iachusol i un
                    'lawr yma mewn traha bod
yw gorfod gweld
                    na fedrir o'r braidd eu gweld,
ac mai cymydog wyf
                    i'r gwag sy'n disgwyl y gân.

Disgwyliaf eu miwsig
                    nosol y lartsia'r beirdd
mor hyderus huawdl
                    amdano: twll yw mewn gwyll sy'n twyllo
adar nos
                    fod nos yn fath o ddydd.
Ond dim. Ni ddaw namyn
                    cryndod hallt drwy'r syndod
er mor gynnes am un ennyd

                              fuasai'u nodau llwyd.
Sêr rhwng dwy glust
                    a glywir yn ddiddymdra llosg.
A disgyn
                    dychryniadau caddug llwyr
ar glywed dyn,
                    heb waedd ar flew ysgwyddau.
A finnau ar lawr
                    nad yw ond eiliad herciog,
daliaf i glustfeinio
                    – am orig – am fin eu rhew,
gan rywfodd ddiolch am
                    y methiant i fesur dim,
am beidio â mentro
                    at sêr yn noeth, yn uthr.


Eithr o'u disgwyl yno
                    fe'm difodir i gan bwyll.
Addysgir fi'n rhwyll
                    gan ddistawrwydd sydd ar bwys
yn isel.
                    Ysa'r goleuadau'n llond yr absen
yn f'ymennydd meddal,
                    cryma fy mhen a throf
a sleifio'n slafaidd
                    fel cwrcath ar hyd ei lwybr
i'm gwâl. Ac yno
                    ymgylchaf yn belen wlân
feddylgar. Tybed
                    ar f'ôl a ddilyna'r miwsig
grwndi na chrapia
                    byth mo gwsg y cread,
y miwsig nas clyw
                    ond calonnau a wacawyd?
Fe all i'r sawl
                    a lethir drwy ddisgwyl smic
y sleifia dros y wal
                    araul ryw nodau i'r adwy.

114

# PORTREAD O FENYW ORBOBLOGEDIG

Fe'i clywir o hyd ar y stryd yn siarad â'r mur
Yn ddigon cyfeillgar. Myn hwnnw yn ei ffordd anorfod
Ei hateb yn ôl â mudandod, onid â syndod go bur:
Mae pawb yn ei nabod hi'n od, heb neb yn ei nabod.

Yn ei blaen y chwifia'i breichiau, felinau trydan hylaw.
Heb ddim, dim golau yn unman, mae hi'n ddramodydd abswrd
Yn actio'i bydysawd ei hun sydd mor ogoneddus wacsaw,
Tan frysio adref i gynulleidfa absen lond ei bord.

Bydda-i'n gwneud yr un peth fy hun, ond 'mod i'n barchus o garcus
Yn gyntaf rhag nad oes clust yn tin-droi o fewn fy nghlyw.
Ond bydd hon yn ei hwylio hi fel annerch cwrdd cyhoeddus.
Ymdeithwreg â'i gên yn y gwynt ar hyd y lôn yw

Sy'n llenwi pob llathen o'r llwybr â gyr o dwrcïod
Gan sgrechian drwy'i chorn-siarad, a chan ladd ar y glaw
A dweud wrth y byd a'r betws heb flew ar ei thafod
Sut y gwnelai hithau pe trefnai hi'r fath dywydd baw.

Does arni ddim eisiau neb. Anwybydda bob clebran
Gan gynulleidfaoedd call o'i chylch. Caiff ddigonedd bob tro
O gwmni amleiriog y tu mewn i'w phen mawr ei hunan;
A'r fath ben! Mi sibrydant (rhyngoch chi a fi) sbo

Fod yr odrwydd croen a'i gogwydd yn bradychu'r wir sefyllfa
Ac mai cynnyrch llosgach fu hon. O fewn cymhlethdod llwyth
O un bellach yr ymdry a chadw'i chymdeithas dila.
Fe'i gwelais ers ugain hydref yn cyfogi'i thrwyth

Mewnfodol, gan dorri sillau allanol â phob gwynt Anhysbys.
Eithr heddiw, yn syfrdan, gerllaw, mi ymatalia hi mwy;
Dacw hi'n eistedd ar fainc ar bwys henwr galarus
Am ennyd, munud o gyfathreb. Rhyw sill fach neu ddwy

A dorrais innau â hwnnw erioed. Er gwybod rhyw fymryn
Am ogfaen ei brofedigaeth, 'fentrwn i ddim
Oedi yno i gydymdeimlo: roedd fy neilltuaeth mor gyndyn,
A swildod annibyniaeth mor helaeth o hwylus im.

Ond ar draws fy mhetrusterau o straffîg a stranciau
Gwelaf dangnefedd hardd dau: erys yr ynfyten hon
I ymgartrefu ar ei bwys, a chilwena yntau
Yn ei chwmni llaes. Maent yn ddeuawd mor ddiamdlawd lon.

Dau o'r cloffion, un heb fod yn union lawn llathen,
Dau ymddangosiadol unig, ond yn reit ymwybodol o fyd
O'u hamgylch a lefara am rifau cymysg ar fantolen
Fel dysglau'n doredig na ellir eu hel yn gyfain ynghyd.

A baglaf rhag fy mlaen gan wybod fy mod wedi profi
Am dro y mawredd sy led y moroedd, clwyfedigrwydd clod,
A'r Llaw sydd ar y lleuad. Dwi wedi gweld dau o'r llestri
Tlysion a ddodwyd yng nghwpwrdd-tridarn bod.

Er mai tlodaidd ei charpiau, er mai brau aruthr ei bri,
Er mai paldaruo tua'r diddymdra yw beunyddioldeb ei sbri,
(Yn wir, oblegid mai paldaruo tua'r diddymdra gorlawn yw'i sbri,)
Gorymdeithia gwallgofrwydd yn ein plith er mwyn ein sobri.

# MARWNAD COEDEN

## I

Mae disgwyl i helyg gadw sŵn. Ond derw cymharol gall,
mor sefydlog fyfyrgar ac mewn gallt mor ddiymod o brudd
yn tywallt eu glaw, yn plygu'n blentynnaidd dwll
gan rwygo'u dillad!
        Ac eto 'chafodd neb o bwys ei ladd,
neb megis swyddog mewn canolfan i gynllunio ffyrdd
draw'n bell. Neb, heblaw atal peth o ysgyfaint y ddôl.
Neb, er symud gwreiddyn y glob yn gynamserol. Wele ddi-gerdd
ferw gan dderw oblegid i un go hynafol o'u hil
wasanaethu dynol-ryw. Caiff hon wneud ei rhan yn yr hyn
sy'n ofynnol os yw'r boblogaeth am gael olwynion dan draed
yn gyfforddus hyd fywyd. A go brin y gellir rhesymu wrth bren
a resymolir. Prin y rhamantwn ddigyffroadrwydd coed.
Y cwbl mor esgud 'ddigwyddodd. Mi aeth ei chanrifoedd brau
yn wrn i lwch, a llonyddwch bellach i'w breuddwyd glas yn glau.


## II

Gwisgi: mi blisgwyd ei rhisgl yn noeth gan nos
pan symudodd y llif yn union dan ei bôn hyd ei bedd.
Ac ni thorrai rhwng yr un ddisymud a gwynt yn gyflymder tu fa's
namyn rhod y diderfyn orffennol a'i blynyddoedd nadd.
Wele, yn yr unigedd diysgog a thrwy labrinth y rhos,
syrthiodd yr un swrth. Cenllif fu'r llif dro. Dan ei min iâ,
gwadwyd y Goeden.
        Gorwedda dan ddiwydrwydd ffun â chwŷs
ffynnon ddifrys o glwyf. Ni cheir ganddi yn awr ond ple
am heddwch. Mi wasga'r ffosiliau amdani mewn ffos
anial â'u diffyg anadl. Ac ymlonydda egnïon y mellt
drosti'n amdo. Ymguddia ei chanrifoedd yng ngwely'i ffas
i ryddhau'i gwaed mor rhugl drwy frigau'i gwallt
o'r wythïen drwy'r ddaear: yno lle daw mwynwyr â'u hias
i fan waeth na chroth mewn burgyn na chafwyd mo'i his.

# III

O'r allt gwylia'r aeonau, cyn belled ag y gwylia aeonau o goed,
gweld gwanwyn yn cuddio'i segurdod hi â gaeaf o haf,
a phryfyn ymwingol yn ochain ar yr awel hyd y traed
gan anwylo'i dail mewnol-ddisyflyd a dadadeiladu'i thref.
Er dyfalu peth o'i thynged, ni chredant mo'r symud sy i'w gael
mewn tai. Ac nid tai yn unig, ond yn y gerddi ar yr hen
ystyllod o foncyffion sy'n mewnfudo'n ddigyffro foel
yn feinciau i fwswg.
               Mwy geirwir ei dafod fyddai tân
iddynt hwy. Ar fy ngair, wele awel, yn gludydd newyddion i'w gallt
dragywydd. Nid gormod o awel, ond tusw i ddychryn y gweld,
a gwyd o gig y Goeden gynt, gan gydio yn y gwellt.
Ac aroglant sawr mudo yn treiddio'n fyglyd i'w ffald
o'r tai. Drwy gorn simnai nad ymatalia ddim,
blasa'r coed lo, – fel gwartheg, gyda chig eidion rhost. A siom.

# gwisg ddisgleirwen ann ar ôl cawod yn llanfyllin

tragwyddol yw'r munudau nad ŷnt mwy,
y gwnïo harddwch, y blasu perffeithrwydd gwisg.
mor fawr yw'r sawr fu'n sio i'w bodis o'r meillion,
mor sanctaidd eu haroglau o'i bodiau'n law hyd wasg.

tystion fu'r synhwyrau tanllyd fod ei choler
wedi hel melystra dro o'r ffosydd du,
ond snwffient dlysni arabedd ac angerddau'r gwenyn
mewn ffriliau o neithdar can a diderfyn dda.

a dilladwyd y nerfau ynddi mewn Cambric o'r India,
trowyd syndod yn syndal, a'i chotwm gwyn yn gof.
ni adawyd i'r tyndra tan ei hesgidiau ddawns ddihangfa
rhag gweddi ger gliniau tegeirian-coch-yr-haf.

cysegrwyd teml i'w hysbryd mewn llieiniau rhwygedig;
mewn baw ceid llewys; ystyr cnawd lle bu ysgafnder sgyrt
'gafodd ei distyllu a'i rhidyllu'n olch drwy ddarfod
yn chwilfelys glod ar faes lilïod pert.

ac yn hidl drwy'i dillad, mi gadd fwy nag a gadd ei chwenychu
gan dristwch llon y glawio'n briodaswisg drosti.

# CLUSTIAU BEETHOVEN

Hedai ynddo garpiau adeiniog
tan gardota yn y gwyll uwchfioled. Cyffyrddent â physt, trawent
    yn erbyn holl ust Vienna.
Drwy'i ben y gwibiai'r clustiau. Ymchwilient am oleuni swn
    ar waliau ogof ei ben.
Tomennydd o fudandod tu allan a hedai. Tu mewn,
        gwrandawai'r ymennydd am
harmoni nes adleisio o'r ystlumod yn nwfn yr ogof yn erbyn
        cordiau anferth
        llonyddwch ei daith.

Chwifiai ynddo'u hadenydd rhwyfus
fel y cludid ef hefyd gyda'i gymdeithion drwy'r ogof leisiau nas ceid
    heb godwm. Drwy'r golled gêl
y llefai'n glaf y sarhad aflafar o dawel isgoch ar ei
        glustiau isddaear. Canys ystlumod
mwyach fyddai'i gerddorfa. Gwelent drwy faen y caddug
    heb olwg. A chlywent y llewyrch mud.
Cynilai ef lid araul yn eu hehediad soniarus: wedyn, egwyl
    ar hyd nenfwd ei ben oedd
y golch budr hyn yn hongian ei wichian a gwichian ar ffrâm
        fentrus ei
        ffyddlonaf entrych.

Ac o'r herwydd, ei ben a ymffurfiai'n
gragen y ciliai ef iddi, i'w labyrinthau llunieiddiaf
        a'i thwneli mwng, nes
ymareulo ar dro, yn neuaddau grotésg a môr-frydig
        yr Offeren a'r Nawfed Symffoni
ar hyd y Pedwarawdau olaf a'u llannau, lle y corlannwyd
    holl weld ei ystlumod gymrodyr
ar esgyll ei gur. Er na phowndiai ond distawrwydd yn ôl
        o waliau'i
        ddirgelwch taranog,
agored fyddai'i ymglywed mwy gyda hwy tua'r gwawl hallt.

A thrwy'u cymdogolrwydd y cythreuliai
a thrwy'u hundod yr ellyllai tan chwyldro'i soniaredd hyd
ogof. Yn chwil clywch ei ing
llwyd a'i ddioddef gwinau. Mewn adenydd llygodog y darganfyddai
dychryn y curiadau caredig.
Tywyllwch, yn ôl ystrydeb, fuasai'r weddus fangre i ymguddio
a thyrchu lloches dan bridd yr awyr;
ond ei glytiau ef bellach a wibiai gyda'r kyrie eleison,
a'r curo o leisiau a'i claddai'n
oludog fel ffaro â'i rofiau gwawn dan lawn oleuni.
"Ar hyd y llwybrau yna,"
igiai'r tywyllwch
yn rhwystredig, "y gyrrir dy hediad yn ddiogel at y gwaliau gwyll."

Felly yr ailgydiodd yn ei fyd. "O ble
y deuaf? Beth wyf? I ba le yr af?" fflapiai a slapiai
ei glustiau'n garegog a rhegi hwnt a thraw. Hedent i wybod
ffrwyth hadau'i gladdedigaeth,
tynnent, turient; yn orffwyll
yr udai'r bratiau anwybodus. Ond yng Nghlod yr allweddellau
a gyffyrddent mwyach, o'r tu hwnt
i synhwyrau, clustlymai'r ystlumod gwe-pry-coplyd ei ymateb
mewn gwaedd beniwaered:
"Drwy wyll mawl ceir gwawl digilio."

Difaterwch yw'r enw a dorrwn arni,
  Ond tranc yw, a'i hysbryd mewn lliain gwyn.
Byddai "difaterwch" yn awgrymu mymryn o ynni,
  Fel pe bai deffro'n bosibl. Ond edrychwn

Ar hon. Mae'r gwyndra, sydd arni'n oernadu
  Ei distawrwydd drwy'r tŷ yn dudalen weili
Yr un ffunud â chath wen sy'n sefyll yn ddu
  Stond, a'i blew oll yn bigog fel bwci

Ar heglau, a'i chalon yn flinedig drwy'i golwg
  Gwyllt gwag, a'r bom sy'n tician drwy gornel
O'i gwddf yw'r unig garn mai drych dig yw'r drwg

A'i difaodd wrth iddi sefyll ger braw'r rottweiler
  Mewn rhew o fedd, a'i her yn gefnhwrwg
Uwchben coesau pricyn; diangen arwyddbost i'r oerfel.